산청 남명 선생 유적

산천재와 덕천서원

남명선비문화총서 01

산청 남명 선생 유적

산천재와 덕천서원

2024년 10월 15일 초판 1쇄 펴냄

엮은이 한국선비문화연구원·(사)남명학연구원
펴낸이 김흥국
펴낸곳 보고사

책임편집 김태희
표지디자인 김규범

등록 1990년 12월 13일 제6-0429호
주소 경기도 파주시 회동길 337-15 보고사
전화 031-955-9797 팩스 02-922-6990
메일 bogosabooks@naver.com
http://www.bogosabooks.co.kr

ISBN 979-11-6587-757-6 94910
      979-11-6587-756-9 (세트)
ⓒ한국선비문화연구원·(사)남명학연구원, 2024

정가 17,000원

남명선비문화총서 01

산청 남명 선생 유적

산천재와 덕천서원

한국선비문화연구원·(사)남명학연구원 엮음

보고사
BOGOSA

발간사

오늘날 한국 사회에서 무엇보다 절실히 필
요한 것이 선비정신이다. 이는 앞날을 걱정하
는 원로들의 한결같은 말씀이다. 그것은 전통
적 가치를 회복하자는 차원을 넘어 우리 사회
의 미래가 심히 걱정되기 때문이다. 선비란 어
떤 사람인가? 사화가 극심하던 16세기, 지조
와 절개를 지키며 나라를 걱정하고 백성을 사랑한 지성인을 가리킨
다. 조선 선비는 마음을 성찰하고 사욕을 극복하여 하늘을 우러러
한 점 부끄러움이 없는 사람이 되고자 하였다. 이런 선비들이 사는
세상이 문화강국이다.

유교는 수기치인修己治人의 가르침이라 말한다. 그런데 공자는
한 걸음 더 나아가 '자신을 수양하고서 남을 편안히 해주는 사람(修
己安人)'을 군자君子라고 하였다. 군자는 사적인 이익보다 공적인 이
로움을 우선시하며 의리를 먼저 생각하는 사람으로, 조선 선비들이
지향하던 인간형이다.

16세기 남명 조식 선생은 사화기에 벼슬에 나가는 것을 단념하
고 도를 구해 기강을 부지하려고 공자의 제자 안회顔回처럼 극기복

례를 실천하였다. 수신 공부가 잘되지 않자, 경의검을 차고 다니며 사욕을 베어냈고, 성성자를 차고 다니며 정신을 또렷이 하였다. 그것도 모자라 공자·주자의 초상화를 그려 세워두고서 스승이 옆에 계신 것처럼 엄숙히 하였다. 선생은 수신을 통해 덕성을 드높이면서 권력자와 당당히 맞섰고, 임금에게도 '임금은 의로워야 합니다', '마음을 바르게 하고 수신하세요'라고 아뢰었다. 이것이 선비정신이다.

　세상이 어지럽고 도가 무너지던 시대의 학자들은 선생을 모신 덕천서원에 찾아와 절을 올리고 시대를 바로 세울 방안을 물었다. 서원이 훼철된 뒤에는 산천재를 선생의 도가 보존된 곳으로 여겼다. 그 산천재 옆에 설립된 한국선비문화연구원은 시대적 소명을 저버리지 않기 위해 남명선비문화총서를 지속적으로 간행할 예정이다. 다시 이 땅에 선비문화가 찬란히 꽃피울 날을 간절히 염원한다.

한국선비문화연구원 원장

최구식 씀

책을 내면서

2016년에 설립된 한국선비문화연구원은 '한국의 선비문화'를 연구하는 유일한 기관이다. 그러나 현실적으로는 연수의 기능만 유지하고 있을 뿐, 연구의 기능은 미미하다. 그것은 설립 초기에 한국의 선비문화를 안정적으로 연구할 환경을 조성하지 못했기 때문이다.

필자는 2023년 10월 한국선비문화연구원 부원장으로 취임하였는데, 연구 기능을 되살리기 위한 조처였다고 들었다. 나는 소명을 생각하지 않을 수 없었다. 한국선비문화연구원은 어떤 정체성을 가져야 할까? 한국선비문화연구원의 나아갈 방향은 어디인가? 기관의 명칭에 부합하기 위해 무엇을 할 것인가를 고심하였다. 나는 우리 연구원이 나아갈 방향으로 두 가지를 정하였다. 하나는 한국의 선비문화를 연구하여 '한국선비문화총서'를 간행 보급함으로써 선비문화를 미래 정신문화의 토대가 되도록 해야겠다는 것이었고, 하나는 남명 또는 남명학파의 선비문화를 조명하여 '남명선비문화총서'를 간행 보급함으로써 남명 사상을 지방문화의 토대가 되도록 해야겠다는 것이었다.

이런 방향으로 연구를 진행하여 초청강연회와 학술발표회를 개최하고, 그 성과를 널리 알릴 수 있도록 교양서적을 만들어 보급하는 일을 추진하기로 하였다. '한국선비문화총서'는 연구 성과를 수합하여 차근차근 축적해 나가야 하기에 1년에 1책씩 간행하는 것을 목표로 하였고, '남명선비문화총서'는 기왕의 연구 성과를 바탕으로 1년에 2~3책씩 간행하는 것을 목표로 하였다.

'남명선비문화총서'의 첫 번째 사업으로 산청군 시천면에 소재한 산천재와 덕천서원 등 남명 선생 유적을 탐방하는 분들에게 친절하게 설명할 수 있는 안내서로 이 책을 만들게 되었다. 산천재와 덕천서원에 대해 보다 소상하고 정확하게 안내할 수 있도록 최대한 노력을 기울였다. 이 책을 통해 남명 선생 유적지를 찾는 분들이 남명을 올바로 이해하고, 우리 시대 정신문화를 재정립하는 데 밑거름이 되기를 희망한다.

이 사업을 추진하면서 본 연구원의 예산 부족으로 (사)남명학연구원의 학술행사 지원을 받아 두 기관 공동으로 이 책을 간행하게 되었다. 이 자리를 빌려 (사)남명학연구원 관계자 여러분께 감사의 말씀을 드린다. 또한 작품을 사용하도록 허락해 주신 서화가 윤효석 선생과 한국화가 이호신 선생께 고마움을 표하며, 어려운 출판 환경 속에서도 이 책을 흔쾌히 출판해 주신 보고사 김흥국 사장 및 관계자 여러분께도 감사의 말씀을 전한다.

2024년 9월 1일
한국선비문화연구원 부원장
최석기 씀

차례

제3부 덕천서원

제1부

산천재 山天齋

01
남명의 생애와 호의 의미

남명南冥 조식曺植은 1501년 음력 6월 26일(양력 7월 10일) 진시辰時(07~09시)에 경상도 삼가현三嘉縣(현 합천군 삼가면) 토동兎洞(외토리) 외가에서 부친 조언형曺彦亨과 모친 인천이씨仁川李氏 사이의 둘째 아들로 출생하였다. 본관은 창녕이다.

성인이 되어 관례를 하고 자字를 '건중楗仲'이라 하였다. 30세 이후 김해 산해정山海亭에 은거할 때 자호를 '남명南冥'이라 하였으며, 문하에 찾아와 배운 학생들이 '산해선생山海先生'이라 불렀다. 만년에는 지리산 덕산동에 은거하여 당시 사람들이 '방장산인方丈山人'이라 부르기도 하였다. '방장산方丈山'은 지리산의 별칭이다.

남명의 생애

남명의 생애는 크게 네 시기로 나누어 볼 수 있다.

제1기는 성장수학기(1501~1526)로 1세부터 26세까지이다. 남명의 본가는 삼가현 판현板峴(하판리)에 있었다. 남명의 증조부 조안습

曺安習은 창녕에 살다가 단성현에 살던 문익점의 아우 문익하文益夏의 손녀와 결혼하여 처가 인근 고을로 이주하였다. 남명의 조부 조영曺永은 조찬趙瓚의 딸 임천조씨林川趙氏와 결혼하였는데, 조모 임천조씨의 아우가 연산군의 사부였던 조지서趙之瑞이다. 남명의 부친 조언형曺彦亨은 충순위 이국李菊의 딸 인천이씨와 결혼하였다. 남명의 외조부 이국은 고려 공민왕의 장인이며 문하시중을 지낸 이작신李作臣의 6세손으로, 김종직이 '얼음과 눈처럼 차갑고 깨끗한 마음을 가진 인물'이라고 평한 사람이다.

남명은 외가에서 태어나 그곳에서 자라다가 부친이 문과 시험에 급제하여 벼슬길에 나아가자, 6~7세경에 한양으로 이주하여 부친이 세상을 떠난 1526년까지 줄곧 한양에서 살았다. 주로 가정에서 수학하며 문장 공부와 과거 공부에 열중하였다. 남명은 19세 때 한양에서 기묘사화를 직접 목격하고 시대정신에 눈을 뜨기 시작했을 것으로 추정된다.

남명은 20세 때 과거시험에 응시하여 사마시司馬試 초시와 문과 초시에 모두 합격하였다. 21세 때 사마시 회시會試(2차 시험)에는 나아가지 않고 문과 회시에만 응시했다가 낙방하였다. 이후 문과 시험에 응시하여 1차 시험에는 여러 번 합격하였으나 2차 시험에는 번번이 실패하였다. 남명은 과거시험에 몇 차례 낙방한 뒤 자신의 문장에 대해 반성하며 산사에서 독서하였다. 25세 때 당시 유행하던 『성리대전』을 읽게 되었는데 "대장부는 이윤伊尹의 지향에 뜻을 두거나 안회顔回의 학문을 배워야 한다."라고 한 원나라 학자 허

신산서원

산해정 현판

형許衡의 말을 보고서 크게 느낀 바가 있어 성현의 학문에 뜻을 두게 되었다. 이윤은 중국 상나라 탕임금을 보필하여 태평 시대를 연 어진 정승이고, 안회는 공자의 수제자로 극기복례克己復禮를 실천해 석 달 동안이나 인仁을 어기지 않은 경지에 오른 현인이다.

제2기는 산해정 시기(1526~1545)로 26세부터 45세까지이다. 남명은 1526년 3월 부친상을 당해 고향 삼가에서 시묘살이를 하였고, 28세 때 삼년상을 마친 뒤 한양으로 돌아가지 않고 지리산을 유람한 뒤, 의령 자굴산 명경대에서 1년여 동안 독서하였다. 그리고 30세 때인 1530년 처가가 있는 김해로 이주하여 성현의 학문에 전념하였다. 이 산해정 시기는 경서와 성리서를 읽으며 성현의 학문에 침잠하던 시기로 특징지을 수 있다. '산해정'이라는 명칭은 '산처럼 높고 바다처럼 깊은 학문을 추구하자'는 정신을 드러낸 것이다.

제3기는 뇌룡정 시기(1545~1561)로 45세부터 61세까지이다. 남명은 1545년 11월 모친상을 당해 고향 삼가에서 삼년상을 치르고 1548년 2월 탈상하였다. 그 뒤 김해로 돌아가지 않고 삼가에 계부당鷄伏堂과 뇌룡정雷龍亭을 짓고 새로운 삶을 시작하였다. 이 시기는 학문에 더욱 전념하는 한편, 찾아오는 제자들을 가르치던 시기이다. '계부당'과 '뇌룡정'이라는 당堂·정亭의 명칭에 그의 정신 지향이 잘 드러나 있다.

계부당은 '닭이 알을 품고 부화하듯이 침잠하며 함양한다'는 의미이고, 뇌룡정은 '시동尸童처럼 연못처럼 고요히 함양하되, 때로는 용처럼 신비한 조화를 드러내기도 하고, 우레처럼 우렁찬 소리를

뇌룡정

내기도 한다'는 뜻이다. 즉 '정적인 함양을 통해 내면의 힘을 길러 외적으로 대처할 때 그 역량을 발휘한다'는 말이다. 이 시기는 학문을 숙성하던 시기로 특징지을 수 있다.

제4기는 산천재 시기(1561~1572)로 61세부터 별세한 72세까지이다. 남명은 지리산 자락에 깊숙이 은거하려는 생각을 품고 있었으나 결행하지 못하다가, 1561년 비로소 지리산 덕산동(진주목 관내)으로 이주하였다. 덕산에 터를 잡은 것은 하늘에 닿아있는 천왕봉 때문이었다. 그는 덕산에 산천재山天齋를 짓고 매일 천왕봉을 우러르며 인도人道를 닦아 하늘과 하나가 되는 천인합일天人合一을 지향하였다.

'산천재'라는 집의 이름은 상괘가 산山(☶)이고 하괘가 천天(☰)인 『주역』「대축괘大畜卦」의 "내면을 더욱 강건하고 독실하고 빛이 드러나게 하여 날마다 자신의 덕을 새롭게 한다.(剛健篤實輝光 日新其德)"는 뜻을 취한 것이다. 61세의 노인이 터전을 옮기고서 자신의 덕을 날마다 변화시켜 성현의 경지에 이르기를 희구한 것이니, 이 시기는 학문을 완성한 시기로 특징지을 수 있다. 남명은 1572년 음력 2월 8일(양력 2월 21일) 별세하였다.

'남명'이라는 호의 의미

'남명南冥'이라는 호에 대해, 연구자들은 『장자』에 나오는 점에 주목하여 '인간의 범상한 상상력의 세계를 초월하는 거대 세계로의 지향'으로 이해하거나, '장자의 사상과 자유정신을 상징하는 붕새의 비유에서 남명 선생이 당신의 호를 취한 것부터 남명과 장자의 관계를 짐작하게 해준다'고 하여, 노장사상과 연관 지어 해석하였다.

그러나 '남명'이라는 호를 『장자』에서 취했다는 근거는 어디에도 없다. 문자가 『장자』에 보이기 때문에 노장사상과 연관이 있다고 해석하는 것은 매우 안일한 인식이다. 『장자』에 "북쪽 바다(北冥)에 물고기가 있으니 그 이름은 곤鯤이다. 곤의 크기는 몇천 리나 되는지 모른다. 곤이 변하여 새가 되니, 그 이름이 붕鵬이다. 붕의 등은 몇천 리나 되는지 모른다. 붕이 노하여 날면 그 날개가 하늘에 드리운 구름과 같다. 이 붕새가 바다를 날면 남쪽 바다(南冥)로 옮겨 갈 것이니, 남쪽 바다는 천지天池이다."[1]라고 하였는데, 이는 곤이라는 물고기가 붕새(鵬)로 변해 북해에서 남해로 옮겨가는 것을 그린 초현실적 서사이다.

남명(윤효석 作)

자호는 자신의 정신 지향을 드러낸다. 조선 시대 독서하는 사인士人이 현실을 초월한 붕새에 자신을 비유하였을 리는 만무하다. 또 성현의 학문에 뜻을 두고서 한양을 떠나 멀리 은거한 사람이 자신을 『장자』에 나오는 붕새에 비유하여 '남명'이라 자호한다는 것은 실정과 매우 동떨어진 이야기이다. 남명이 한양을 떠나 김해로 가서 '나는 북쪽 바다에서 남쪽 바다로 옮겨온 거대한 붕새이다'라고 자처했다면, 남들의 조롱을 면치 못했을 것이다. 그리고 '남명'이라는 호를 『장자』와 연관하여 해석하는 것은 25세 때 『성리대전』을 보다가 공자의 제자 안회처럼 되기를 희망한 정신 지향과 전혀 맞지 않는다.

'남명'이라 자호한 것은, 남명이 한양에서 김해로 떠날 적에 절친한 벗 성운成運이 지어준 아래의 시에 그 실마리를 찾을 수 있다.

큰 기러기 날개 펼쳐 남쪽으로 날아가니,	冥鴻矯翼向南飛
바로 가을바람에 낙엽이 지는 때이로세.	正値秋風木落時
닭과 오리는 땅에 널린 벼와 기장 쪼아 먹는데,	滿地稻粱鷄鶩啄
푸른 구름 저편에서 스스로 배고픔을 잊겠지.[2]	碧雲天外自忘飢

이 시는 남명이 한양 생활을 청산하고 김해로 이주할 때 지어준 것으로 보인다. 제1구의 '명홍冥鴻'은 '까마득히 높은 하늘에 날아가는 기러기'로, 양웅揚雄이 '기러기가 까마득한 하늘로 날아가면 주살을 쏘는 사람이 어찌 잡으랴'[3]라고 한 데서 나온 것인데, 후대 문인

들은 '어지러운 세상을 피해 멀리 떠나는 고상한 뜻을 품은 지식인'을 비유하는 말로 사용하였다. 그러니까 성운은 김해로 이주하는 남명을 떠나보내면서 그를 '명홍'에 비유하여 '어지러운 세상을 피해 높은 뜻을 품고 은거하러 가는 사람'으로 말한 것이다.

이처럼 '명홍'은 '어지러운 세상을 피해 까마득히 높은 하늘로 날아가는 기러기'이니, '고상한 뜻을 품고 멀리 떠나는 지식인'을 비유하는 말이다. 이런 관점에서 보면, '남명'이라는 자호는 '남쪽 바다로 옮겨온 붕새'라는 뜻이 아니고, '어지러운 세상을 피해 남쪽 어두운 바닷가에 은거하는 사람'이라는 의미이다.

19세기 곽종석郭鍾錫은 "선생이 일찍이 자신의 호를 '남명'이라 하였으니, 이는 대개 자신의 재능과 덕행을 숨기고 드러내지 않으려 한 것이다."[4]라고 하였다. 이 말은 '남쪽 바닷가에 숨어 사는 사람'이라는 뜻으로 『장자』의 '붕새'와는 거리가 멀다. 조선 시대 학자들은 자신을 겸손하게 표현했으니, 안회처럼 되겠다고 다짐하며 성현의 학문에 뜻을 둔 젊은 학자가 자신을 붕새에 비유한다는 것은 말이 되지 않는다.

'명冥'은 '까마득히 먼 곳'을 지칭하기도 하고, '문명이 없는 미개한 지역'을 의미하기도 한다. 문물의 중심지인 한양에 살다가 남쪽 바닷가로 내려갔으니, 그가 정착한 곳은 수도에서 볼 때 까마득히 먼 문명이 없는 어두운 곳이다. 그래서 '문명이 없는 남쪽 바닷가에 은거한 사람'이라는 의미로 '남명'이라 자호한 것이리라.

02
남명의 만년 은거지 산천재

1) 산천재의 입지와 공간

산천재의 입지와 공간 구성

남명의 문인 성여신成汝信은 진주 읍지 『진양지晉陽誌』를 편찬하였는데, 이 『진양지』에는 '덕산동德山洞'이라는 항목을 두고 다음과 같이 기술하고 있다.

덕산동은 지리산 동쪽에 있다. 천왕봉의 한 줄기가 동남쪽으로 뻗어 내려 오대산五臺山이 되고 노현蘆峴이 되어 동쪽으로 살천薩川 앞을 가로지른다. 또 한 줄기가 동북쪽으로 내려와 서흘산鉏屹山이 되고 운상산雲象山이 되었다. 운상산에서 남쪽으로 내려와 삼장三壯 앞을 가로질렀는데, 살천의 앞산과 덕천德川 좌우에 대치하니 이를 수양검음首陽黔陰이라 한다. 또 서흘산에서 남쪽으로 내려와 살천 뒷산이 된 것을 구곡산九曲山이라 하고, 삼장의 뒷산이 된 것을 저전산楮田山이라 한다. 앞뒤의 여러 산이 용처럼 서리고 호랑이처럼 웅크리고 있어 기세가 웅장하다. 천왕봉의 물은 법계사法界寺에서 발원하여 동쪽으로 흘러 살천촌薩川村을 경유해서 사제봉社祭峯 아래에 이르고, 동북쪽으로 흘러 살천이 된다. 또 서흘산으로부터 발원한 물은 동쪽으로 흘러 상류암上流菴을 경유해서 장항동에 이르고, 남쪽으로 흐르는 물은 삼장천三壯川이 되어 살천과 양당촌 앞에서 합하니, 이 것을 덕천德川이라 한다. 물이 굽이굽이 돌며 흘러 깊지도 않고 얕지도 않다. 수양검음으로 들어가는 골짜기는 협곡으로, 중간에 덕천천德川遷이 나오는데, 이른바 '두류만학문頭流萬壑門'이라고 하는 것이 바로 이곳이다. 동천洞天이 넓게 열려 있고, 산수가 밝고 아름다우며, 사방 8~9리쯤 된다. 시내를 따라 오르내리다 보면 한 줄기 긴 숲이 펼쳐지는데, 모두 복사꽃과 철쭉이다. 이곳은 농사짓기에도 알맞고 물고기를 잡기에도 제격이다. 또 누에를 기를 수도 있고, 채소를 키울 수도 있다. 그러니 이른바 은자가 숨어서 소요할 만한 곳이다.[5]

이는 덕산동의 입지와 환경을 산과 물을 중심으로 그려낸 것이다. 조선 후기 인근에 살던 하달홍河達弘은 덕산동을 유람하고 「유덕산기遊德山記」를 남겼는데, 지리산 동남쪽의 지리적 환경을 소개하면서 "두류산 밑에는 사방으로 빙 둘러 고을이 8~9개나 되며 모두 산수의 고장으로 일컬어지는데, 진주가 그중에서 으뜸이다. 진주의 서쪽에는 마을이 1백여 개나 되며 모두 산수의 마을로 일컬어지는데, 그중에 덕산德山이 최고이다."[6]라고 하여, 덕산동의 입지와 자연경관이 빼어난 점을 언급하였다.

덕산동 전경

하달홍은 덕산동천 안에서 남명이 터를 잡은 사륜동絲綸洞의 유래에 대해 "입덕문을 지나 사륜동에 이르면 조금 트이고 넓다. (중략) 옛날 한녹사韓錄事(한유한)는 고려의 정치가 문란해질 것을 알고서 사륜동에 은거하여 나가지 않았다. 여러 차례 임금의 조서가 이 마을에 이르러서 그 때문에 '사륜동'이라고 부르게 되었다."[7]라고 하여, 사륜동의 지명이 유래한 바를 언급해 놓았다.

한유한은 고려 무신 집권기에 가족을 이끌고 내려와 지리산에 숨어 살며 임금이 벼슬을 내려도 끝내 나아가지 않은 인물이다. '사륜'은 『예기』에 보이는 말로, '임금의 말은 처음 나갈 적에는 실처럼 가늘지만, 밖에서 행해질 적에는 벼리(굵은 줄)처럼 커진다'는 뜻인데, 후대 '임금의 소명召命'을 뜻하는 의미로 쓰인다.

한유한이 덕산 사륜동에 와서 은거했는지는 고증할 수 없다. 그의 유적은 하동군 악양면 섬진강 강가에 있는 삽암鍤巖에 새겨진 '모한대慕韓臺(取適臺, 吹笛臺)'라는 글자와 삽암 인근에 살아 그 마을이 은자가 사는 곳을 뜻하는 '부춘동富春洞'이라는 명칭이 전하는 데서 찾을 수 있다. 한유한이 사륜동에 와서 은거했는지는 명확하지 않지만, 인근에 '수양산首陽山'이라는 산 이름과 '고마정叩馬汀'이라는 지명이 있는 것으로 보아, 이 마을에는 백이·숙제처럼 세상을 피해 은자가 숨어 살았음을 짐작할 수 있다. 임금이 그런 은자를 부르는 명이 내려와 '사륜동'이라 불렀을 것인데, 그 인물이 한유한인지는 확인할 수 없다.

남명이 터를 잡고 이주한 사륜동은 지금 남명기념관과 산천재가 있는 곳이다. 남명의 문인 성여신이 지은 『진양지』에는 사륜동에 대해 다음과 같이 기록하고 있다.

사륜동은 양당촌 동쪽에 있다. 옛날에는 산속에 사는 천한 백성들이 그곳에 살고 있었다. 가정嘉靖 경신년(1561) 남명 선생이 삼가 토동에서 가족을 이끌고 이곳에 와서 터를 잡고 사셨다. 산천재를 짓고서 장수藏修하는 공간으로 삼으셨다. 산천재 집 앞에 또 들보가 없는 초가 한 칸의 집을 지어서 풍영風詠하는 곳으로 삼으셨으니, 바로 상정橡亭이다.[8]

이 자료에는 중요한 정보가 있으니, 곧 남명이 터를 잡은 곳은 '산속에 사는 천한 사람들이 살던 곳'이라는 것이다. 그런데 공부하는 장수 공간과 풍영하는 정자만을 기술하고 있어서, 살림집에 대해서는 언급이 없다.

남명은 22세 때 충순위 조수曺琇의 딸 남평조씨南平曺氏와 결혼하여 1남 1녀를 두었다. 아들 차산次山은 9세에 요절하였고, 딸은 김행金行에게 시집가서 2녀를 낳았는데 두 외손녀는 각각 김우옹金宇顒과 곽재우郭再祐에게 시집갔다. 남명은 후사가 없어 50세 때 은진송씨恩津宋氏를 부실副室로 맞이하였다. 은진송씨는 송린宋璘의 딸로 합천 대병大幷에 살았는데 당시 나이 19세였다.[9] 은진송씨는 3남 1녀를 낳았다. 첫째 차석次石은 1552년생이고, 둘째 차마次磨는 1557생이며, 셋째 차정次矴은 1560년생이다. 딸은 조신도趙信道에게 시집갔다.

남명은 삼가의 재산을 아우 조환曺桓에게 물려주고 가족을 이끌고 덕산으로 이사하였으니, 서재와는 별개로 부인과 아이들이 생활하는 살림집이 있었을 것이다. 정인홍鄭仁弘이 지은 「행장」에는 살림집을 '뇌룡사'라 하고, 뇌룡사와는 별도로 정사精舍를 지어 '산천재'라 편액하였다고 하였다.[10] 또 정인홍의 문인 박인朴絪이 지은 「남명선생연보南冥先生年譜」 61세조 '창산천재創山天齋' 아래의 주에는 "집 근처에 정사를 짓고 '산천재'라 명명하였다."[11]라고 하였으니, 살림집 뇌룡사와 산천재는 별도 건물로 약간 떨어진 곳에 있었음을 알 수 있다.

17세기 후반 산천재와 덕천서원을 방문하고 기록을 남긴 조근趙根이라는 인물이 있다. 그는 조려趙旅의 후손으로 한양에서 출생하였으며, 송시열에게 수학한 서인계 인물이다. 그가 남긴 기록에 "남명의 고택故宅은 덕천 동쪽 산 밑에 있다. 큰 소나무 수백 그루가 시내를 따라 늘어서 있는데, 모두 남명이 손수 심은 것이라고 한다. 산천재는 단지 유허만 있을 뿐이다."[12]라고 하였다. '남명이 살던 고택이 산 밑에 있다'고 하였으니, 살림집 뇌룡사는 현 남명기념관 옆 가묘家廟(여재실) 근처에 있었을 것으로 추정된다. 조근은 남명의 후손 조안가曹晏佳의 집에서 패검佩劍(경의검) 네 자루를 보고서 기록해 놓았다.

산천재의 위치

근래 어떤 이는 1756년 남명의 5세손 조세관曹世觀이 지은 「별묘중수상량문別廟重修上樑文」에 "아! 앞 시대 집안 어른들이 산천재 유허遺墟에 별묘를 창건하여 후대 자손들이 이곳에서 봄·가을 및 기일에 제사를 지낸다."[13]라고 한 것에 의하여, 남명이 기거하던 산천재는 지금의 산천재 자리가 아니고, 별묘가 있는 곳에 있었다고 주장한다.

산천재의 본래 위치를 비정하기에 앞서 먼저 '봄과 가을에 제사를 지낸다'는 것에 대해 살펴보기로 한다. 조선 시대에는 성현을 제향하는 향교와 서원의 향사는 봄과 가을 두 차례 지내는 것으로 정례화되었다. 『효경』 「상친장喪親章」에 "사계절마다 제사하여 철마다 부모를 사모한다.(春秋祭祀 以時思之)"라고 한 것을 보면, 고대에는 사계절마다 지내는 제사가 있었음을 알 수 있다. 이것이 후대로 내려오면서 춘향春享과 추향秋享으로 정착한 것이다. 위의 자료에 의하면 남명이 별세한 뒤, 자손들이 가묘를 건립하고 매년 봄·가을로 제사를 지낸 것을 알 수 있다. 지금 가묘 앞의 안내표지판에 의하면, '설·추석·동지 및 가묘에 모신 세 분의 기일에 제사를 지낸다'고 하였으니, 후대에 변화가 있었던 듯하다.

다음 「별묘중수상량문」에 '산천재 유허山天齋遺墟에 별묘를 창건하여'라고 한 것을 근거로 '산천재가 지금의 여재실 근처에 있었다'고 하는 설에 대해 논해보기로 한다. 이 문장에서 '산천재 유허'의 '유허'가 지칭하는 의미가 무엇인지를 살펴볼 필요가 있다. 일반적으로 '유허'는 '건축물이 있다가 없어진 터'를 의미한다. 남명이 덕산으로 이주하여 가족과 살던 살림집(뇌룡사)이 있었고, 인근에 서재인 산천재가 있었고, 시냇가에 작은 초정草亭이 있었다. 남명이 덕산에서 살던 곳은 산천재가 상징적인 건축물이기 때문에 이 모든 공간을 합하여 '산천재 유허'라고 말한 것이지, '산천재가 있던 건물의 터'만을 가리키는 것은 아니니, '산천재 유허'라고 한 것은 남명이 살던 거주 공간 전체를 지칭하는 말로 보아야 한다. 산천재는 여러 가지 정황으로 짐작건대, 지금의 산천재가 있는 자리에 있었지, 지금의 가묘 앞에 있었을 것으로는 보이지 않는다.

그 증거로 몇 가지 자료를 제시해 본다. 남명은 산천재를 짓고 그 옆 시냇가에 상정橡亭을 지었다. 그리고 그곳에서 지은 「덕산 시냇가 정자 기둥에 쓰다」라는 시에 "청컨대 저 천석들이 큰 종을 보시게, 크게 치지 않으면 아무리 두드려도 소리가 안 나네. 내 어찌하면 저 지리산(頭流山)처럼 되어, 하늘이 울어도 울지 않을 수 있을까."라고 하였다.[14] 이 시를 보면, 분명 상정의 위치는 지리산 천왕봉이 바라보이는 곳이다.

또 남명이 생존했을 당시 문인 강익姜翼이 산천재에 와서 공부할 때 지은 「산천재에서 남명 선생을 모시고 달을 구경하다」라는 시에 "흰 달은 밝아 가을날 빨래한 옷처럼 하얗고, 맑은 시내는 고요하여 물결도 일어나지 않네."라고 하였으니[15], 산천재는 시내가 보이는 곳에 있었던 것이 분명하다.

또 하달홍이 지은 글에 "그 뒤 남명 선생이 만년 이곳에 터를 잡고 거주하셨는데, 시냇가에 두세 칸의 정사를 짓고 '산천재'라고 편액하였으니, 바로 선생이 도를 추구하며 수신하시던 곳이다."라고 하였으며[16], 20세기 초 산천재를 중수한 정제용鄭濟鎔의 「산천재중수기」에도 "옛날 명종·선조 연간에 문정공 우리 남명 노선생께서 방장산에서 도를 강론하셨다. 선생이 거주하시던 곳의 시냇가에 서재를 별도로 건립하시고 편액을 산천재라고 하셨으니, 『주역』「대축괘」의 의미로써 자신의 덕을 축적한다는 뜻을 취하신 것이다."라고 하였다.[17]

이러한 기록을 보면, 산천재는 애초 시냇가에 있었던 것을 알 수 있다. 지금은 덕천강을 정비하여 옛날의 흔적을 찾을 수 없지만, 불과 수십 년 전만 해도 산천재 담장 밑으로 덕천강의 지류가 흐르고 있었고, 그 앞에는 자갈밭이었으며, 그 너머로 덕천강 본류가 흐르고 있었다.

1818년 산천재를 중창할 적에 덕천서원 옆으로 옮겨 중건하자는 의견이 있었으나, '산천재의 유지에 그대로 중건하는 것이 옳다'는 의견이 우세하여 그 자리에 지금의 산천재를 중건하였다. 이러한 사실은 박지서朴旨瑞가 덕천서원 유림에게 답한 편지에 "산천재를 건립하는 일은 유림의 기쁜 소식입니다. 만약 지을 수 있다면, 예전의 터가 아직 남아 있으니, 그 터에다 짓는 것이 옳습니다. 덕천서원 곁으로 옮겨 건립하자는 의견이 있다고 하는데, 무슨 의견 때문인지 모르겠습니다."[18]라고 한 것을 통해 알 수 있다.

이상에서 남명이 살던 덕산 사륜동의 거주지를 산천재 중심으로 살펴보았다. 앞에서 언급했듯이, 남명은 은거지를 물색하다 61세 때 덕산으로 들어왔는데, 이곳을 택한 가장 큰 이유는 천왕봉 때문이었다. 산천재에서 천왕봉을 바라보면, 첩첩의 능선 뒤에 하늘과 맞닿아 있는 천왕봉의 위용이 한눈에 들어온다.

천왕봉은 바라보는 방향에 따라 그 모습이 다양하다. 개인적 취향에 따라 천왕봉을 바라보는 관점도 제각각이겠지만, 남명은 만년에 인도를 닦아 천도에 합하는 학문을 완성하기 위하여 하늘에 닿아 있는 천왕봉을 도반으로 택하여 덕산으로 들어온 것이다. 이러한 사실은 「덕산복거德山卜居」라는 시를 통해 확인할 수 있다.

이런 점을 고려해 볼 때, 산천재의 본래 위치는 덕천강 지류 시냇가에 있었으며, 천왕봉이 바라보이는 곳이어야 한다. 그러므로 지금의 자리에 산천재가 있었다고 보는 것이 옳을 것이다.

2) 남명의 산천재 생활

천왕봉을 도반으로 삼아 천인합일을 추구하다

남명은 61세가 되던 해인 1561년 지리산 천왕봉이 바라보이는 덕산 사륜동으로 이주하여 산천재를 짓고 '자신의 덕을 날마다 새롭게 하자(日新其德)'는 의지를 다짐하였다.

남명은 삼가 뇌룡정에 살 적부터 늘 지리산 깊숙한 곳에 은거할 생각을 하고 있었다. 1558년 지리산을 유람하고 쓴 「유두류록遊頭流錄」 끝에 다음과 같이 말하고 있다.

내 일찍이 이 두류산을 왕래하면서 덕산동으로 들어간 것이 세 번이었고, 청학동靑鶴洞과 신응동神凝洞으로 들어간 것이 세 번이었고, 용유동龍遊洞으로 들어간 것이 세 번이었으며, 백운동白雲洞으로 들어간 것이 한 번이었으며, 장항동獐項洞으로 들어간 것이 한 번이었다. 그러니 어찌 산수만을 탐하여 왕래하기를 번거로워하지 않은 것이겠는가. 평생 품고 있던 계획이 오직 화산華山의 한쪽 모퉁이를 빌어 일생을 마칠 곳으로 삼으려 했기 때문이다. 그러나 세상사가 내 마음과 어긋나 산속에 머물 수 없음을 알고 배회하고 돌아보며 눈물

을 흘리면서 나오곤 하였으니, 그렇게 한 것이 열 번이나 된다.[19]

이 자료를 보면, 남명은 지리산에 은거지를 물색하기 위해 중년 이후 58세 때까지 10차례 이상 현장을 답사한 것으로 보인다. 청학동은 쌍계사 위쪽이고 신응사는 화개동 안쪽에 있으니 화개동도 은거지의 하나로 생각한 것이며, 용유동은 하동군 청암면 일대를 가리키고, 백운동은 산청군 단성면 백운리를 가리키고, 장항동은 산청군 삼장면 평촌리를 가리킨다.

남명은 1561년 드디어 천왕봉이 보이는 덕산으로 이주하였다. 남명이 덕산으로 이주한 이유는 다음의 「덕산복거」라는 시를 통해 알 수 있다.

봄 산 어느 곳엔들 향기로운 풀이 없겠는가마는,　　春山底處無芳草
천왕봉이 하늘에 가까이 다가간 것을 사랑해서이네.　只愛天王近帝居
빈손으로 들어왔으니, 무엇을 먹고 살 것인가,　　　白手歸來何物食
은하 같은 십 리 저 냇물 마셔도 오히려 남겠네.[20]　銀河十里喫猶餘

제2구의 '제거帝居'는 '상제가 사는 곳'으로 천天을 의미한다. 천은 '하늘'을 의미하기도 하지만, 만물을 낳아주고 길러주는 '주재자'를 의미하기도 하고, '생명의 근원'을 의미하기도 한다. 그래서 천은 리理가 말미암아 나오는 곳으로 보기도 한다. 『중용』 첫머리에 "하늘이 모든 생명체에게 명한 것을 성性이라 한다.(天命之謂性)"

산천재 주련

산천재 주련 「덕산복거」(윤효석 作)

라고 하였는데, 주자의 주에 "천天은 음양·오행으로 만물을 화생化生하여 기氣로써 형체를 이루어 주고 리理를 또한 거기에 부여해 준다."[21]고 하였다. 이 제2구는 남명이 이곳에 터를 잡고 이사를 한 이유가 천왕봉 때문임을 말한 것이다.

성리학에서는 하늘이 부여한 천리天理를 보존하여 따르며 형기形氣에서 나오는 인욕人欲을 막고 절제하는 것을 수신修身으로 삼는다. 그래서 『중용』에서는 "어버이를 섬기기를 생각한다면 사람의 본성을 알지 않아서는 안 되고, 사람의 본성을 알고자 한다면 하늘에 대해 알지 않아서는 안 된다."[22]고 하였고, 『맹자』에는 "그 마음을 다하는 자는 자기 본성을 알게 되니, 자기 본성을 알면 하늘을 알게 된다."[23]라고 하였다.

위의 시에 '천왕봉이 상제가 사는 곳에 가까이 다가간 것을 사랑하기 때문에 이곳에 터를 잡았다'고 한 것은 하늘에 닿을 듯이 높이 솟아 있는 천왕봉을 매일 우러르며 자신도 그 경지에 올라 하늘과 하나가 되기를 원하는 마음을 표현한 것이다. 이는 인도를 닦아 천도와 하나가 되는 천인합일을 의미한다.

우리는 남명의 「덕산복거」를 통해, 남명이 만년에 추구한 것이 무엇인지를 짐작할 수 있다. 즉 이제부터는 천왕봉이 보이는 곳에서 매일 천왕봉을 도반으로 삼고서 하늘과 하나가 되는 학문을 완성하려고 한 것이다.

이러한 사실은 남명이 강학 공간의 이름을 '산천재'라고 명명한 데에서 확인할 수 있다. 산천재의 '산천山天'은 상괘가 산을 상징하

사성현도(남명기념관 소장)

는 간艮(☶)이고 하괘가 하늘을 상징하는 건乾(☰)으로 된「대축괘」
를 가리킨다. 대축은 사람으로 말하면 학술과 도덕을 내면에 충만
하게 온축하는 것을 의미한다. 「대축괘」의 단사彖辭에 "강건하고
독실하고 빛이 드러나게 하여 날마다 그 덕을 새롭게 한다.(剛健篤實
輝光 日新其德)"라고 하였으니, 남명이 산천재라고 이름을 붙인 것은
'자신을 더욱 강건하고 독실하고 빛나게 해서 날마다 자신의 덕을
새롭게 변화시켜 나가자'라는 의지를 담은 것이다.

　남명은 산천재의 동쪽 협실에 공자孔子·주돈이周敦頤·정호程顥·
주희朱熹의 초상을 그린「사성현도四聖賢圖」를 펼쳐놓고 용모를 정
숙히 하였으며, 방 안에는 창문과 벽 사이에 '경敬·의義' 두 자를 크
게 써서 붙여놓고 자신을 경계하였으며, 또「신명사도神明舍圖」를
그려 걸어놓고 수시로 주시하며 마음을 살폈다. 남명은 만년에도

이처럼 자신을 성현의 경지로 끌어올리려고 각고의 노력을 하였다. 이런 점 때문에 당대인은 물론 후인들까지 남명을 '백세의 스승'으로 추앙한 것이다.

제자들과 학문을 강론하다

남명이 산천재에 거주할 적에 배우러 찾아오는 사람들이 많았다. 박인이 만든 「연보」와 후대에 만들어진 『남명선생편년』에 의거하여, 산천재로 찾아와 처음 배우기 시작한 사람을 연도별로 정리하면 다음과 같다.

1561년에는 정탁鄭琢·조원趙瑗·이조李晁가 남명을 찾아와 배웠고, 1563년에는 이대기李大期·김우옹·이로李魯가 찾아와 배웠으며, 1565년에는 최영경崔永慶[24]·김효원金孝元이 찾아와 배웠고, 1566년에는 정구鄭逑·최황崔滉이 찾아와 배웠으며, 1567년에는 유대수俞大脩·곽재우가 찾아와 배웠고, 1568년에는 성여신이 찾아와 배웠다. 이들은 처음 찾아와 배운 사람들이고, 전부터 문하에 와서 배운 제자들은 수시로 찾아와 학문을 질정하였다.

이 가운데 최영경은 본래 한양에 살았는데, 남명의 명성을 듣고 한양에서 지리산 덕산으로 찾아와 제자가 되었다. 시기는 1565년인지 1567년인지 명확히 분간할 수 없으나, '한양의 이름난 선비가 남명의 학문과 지조를 흠모하여 지리산 자락으로 유학을 왔다'는 사실은 지성사적으로 매우 중요한 의미가 있다. 즉 학문의 지방화

시대를 연 것이다.

남명은 산천재 시기에 젊은 학자들과 산사에서 모여 여러 차례 학문을 강론하였다. 박인이 만든 「연보」와 『남명선생편년』에 의거하여 정리하면 다음과 같다.

① 1564년 오건吳健과 덕산사德山寺(산청군 삼장면 대포리)에서 만나 학문을 강론하였다.
② 1565년 지곡사智谷寺(산청군 산청읍 내리)에서 오건·도희령都希齡·정복현鄭復顯과 학문을 강론하였다.
③ 1566년 정월 노진盧禛·강익·오건·김우옹·노관盧祼·정복현·정유명鄭惟明·임희무林希茂 등과 지곡사에서 만나 여러 날 학문을 강론하였다.
④ 1566년 2월 이정李楨·조종도趙宗道 등과 단속사斷俗寺(산청군 단성면 운리)에서 만나 학문을 강론하였다.

당시 오건은 스승을 모시고 강론한 느낌을 다음과 같이 기록해 놓았다.

며칠 동안 선생을 모시고서 공경히 가르침을 들었는데, 말씀이 가을 서리처럼 매섭고 여름 햇볕처럼 따가웠으며, 의기義氣가 하늘 끝까지 닿을 듯하였다. 나는 자질이 혼매하고 게을러 병을 고치는 약석藥石 같은 가르침을 받기 부족함을 익히 알았다. 그러나 맹자처럼 거칠게 주먹질하고 크게 발길질하여 이단을 물리치신 말씀이 나의 회포를 상쾌하게 하기에 넉넉하였다. 애석하게도 나는 선생의 문하에 드나든 지 10년이 되었지만 직접 뵙고 가르침을 받은 날은 적고 물러나 혼자 있는 날이 많았으니, 10일 동안 춥게 하고 하루 동안 햇볕을 쬐는 것에 비할 뿐만이 아니다. 이날 작별할 적에 다른 날보다 백배나 망연자실하였다.[25]

1566년 정월 지곡사에서의 강회에 대해서도 박인이 만든 「연보」에 다음과 같이 기록해 놓았다.

덕계의 일기에 다음과 같이 기록하고 있다. "정월 10일 선생이 지곡사로 오신다는 말을 들었다. 곧 종을 시켜 영공 노진 등 여러 분을 맞이하여 오게 하였다. 지곡사로 가서 막 시내 다리를 건너자마자 선생께서 도착하셨다. 11일 김우옹이 왔고, 영공 노진 및 강익·노관·정복현·정유명·임희무 등이 뒤따라 도착하였다. 사방의 학우들이 구름처럼 모여들어 하도 많아서 다 수용할 수 없었다. 14일 선생을 모시고 하산하여 여러 벗이 각자 흩어졌다."[26]

이러한 기록을 보면, 당대 진주·단성·산청·함양 등지의 젊은 학자들이 대거 참석하여 성대한 모임을 한 것을 알 수 있다. 명종 말년의 암울한 정국에서 젊은 선비들이 큰 스승을 모시고 학문을 강론하면서 시사를 토론하고 시대정신을 고취한 것으로 보인다.

오건은 1566년 성균관 학정에 제수되어 한양으로 올라갔고, 같은 해 10월 소명을 받고 상경한 스승 남명을 한양에서 영접하였다.

임훈을 찾아가 함께 안의삼동을 유람하다

남명은 1563년 봄, 함양 남계서원에 가서 정여창鄭汝昌의 사당에 배알하였다. 남계서원은 남명의 문인 강익이 중심이 되어 1552년 창건한 서원으로 1566년 사액되었으며, 세계문화유산에 등재된 서원이다. 당시 진주에서 하항河沆·하응도河應圖·유종지柳宗智·진극경陳克敬 등이 남명을 모시고 가서 서원에서 유숙하였다. 그 자리에서 남명은 "우리나라 여러 현인 중에서 오직 선생(정여창)만이 거의 흠

남계서원 명성당

이 없다."라고 하였다. 남명은 「유두류록」에서 정여창을 '함양 출신의 유종儒宗으로 학문이 깊고 독실하여 우리나라 도학의 실마리를 열어준 분'[27]이라고 평한 바 있다.

다음 날 함양에 사는 강익이 달려와 함께 안의 원학동으로 가서 부친상을 당해 시묘살이를 하는 임훈林薰을 위문하였다. 임훈은 당시 64세였는데 아우 임운林芸과 함께 지극정성으로 삼년상을 치러 효자로 정려를 하사받았다. 당시 남명을 따라 함께 간 선비가 수십 명이나 되었다. 어떤 사람이 "덕유산 남쪽 안의삼동安義三洞의 산수가 빼어나니 이번 걸음에 유람하시는 것이 어떻겠느냐?"고 묻자, 남명은 "이번 걸음은 벗을 위로하러 온 것이므로 훗날 다시 와서 유람하는 것이 좋겠다."고 정중히 거절하였다.

그리고 임훈의 삼년상이 끝난 뒤인 1566년 3월 제자들과 함께 원학동으로 임훈을 방문하여 함께 안의삼동을 유람하였다. 안의삼동은 화림동花林洞·심진동尋眞洞·원학동猿鶴洞을 일컫는 것으로 영·호남에서 산수가 가장 빼어난 곳으로 알려진 명승이다. 일제강점기인 1914년 행정구역을 개편하면서 원학동은 거창군에, 심진동과 화림동은 함양군에 나누어 소속시킴으로써 안의현은 없어졌다.

남명은 덕산에서 산청으로 나와 안의로 행했는데, 문인 하항·조종도·하응도·유종지·이정李瀞 등이 동행하였다. 이들은 함양에 사는 노진의 집에서 강익 등을 만나 하룻밤을 묵은 뒤, 다음 날 원학동에 사는 임훈을 방문하였다. 그날 저녁 여러 학자와 심心·성性·정情에 대해 문답하였다.

원학동 임훈, 임운 고택

　남명은 임훈의 아우 임운에게 "그대는 남들보다 총명하여 어느
것인들 통달하지 않음이 없네. 그러나 요임금의 지혜로도 오히려
먼저 할 일을 급급히 하였다. 군자는 재능이 많은 것으로 사람들을
통솔하는 것이 아니기 때문에 내외와 경중의 변별이 없어서는 안
되네. 주자께서도 만년에 의리는 무궁하지만 세월은 한계가 있다는
것을 깨닫고서 드디어 서예·이소離騷 등의 일을 포기하시고, 오로지
존덕성·도문학에 전념하여 끝내 제유의 설을 집대성하셨으니, 후인
들이 마땅히 본받아야 할 바가 어찌 아니겠는가."[28]라고 하였다.

　남명은 학자들이 시를 짓고 글씨 연습을 하는 등 여러 분야에
소양을 갖추기 위해 시간을 낭비하면서 도리를 강명하고 덕성을 닦

는 공부에 집중하지 못하는 점을 일깨운 것이다. 이 역시 남명의 학
문이 번다한 취향을 추구하지 않고 궁리窮理·수신修身에 집중하는
것을 보여주는 대목이다.

남명은 임훈 등 여러 학자와 함께 안의삼동을 유람하며 먼저 원
학동을 유람하고, 다음 장수사長水寺가 있는 심진동을 유람하고, 마
지막으로 화림동玉山洞을 유람하였다. 그리고 다시 원학동에 있는
임훈의 갈천정사에 모여 하루를 유숙한 뒤에 돌아왔다. 남명이 임
훈과 안의삼동을 유람하며 지은 시는 아래와 같다.

하얀 반석 물속에는 천 가지 구름 모양,	白石雲千面
푸른 넝쿨 산비탈은 베틀에서 짠 베일세.	靑蘿織萬機
화공에게 모두 그려내지는 말도록 하게,	莫敎摸寫盡
내가 다음 해에 고사리 캐러 찾아올 테니.[29]	來歲採薇歸

이 시에 임훈은 다음과 같이 차운하였다.

흐르는 냇물 천 굽이를 돌아 흐르는데,	流水回千曲
나는 형체를 잊고 앉아 기미를 멈췄네.	忘形坐息機
참다운 근원을 끝까지 찾지 못했는데,	眞源窮未了
해가 저물어서 슬픔에 겨워 돌아가네.[30]	日暮悵然歸

임훈이 이 시를 지어 남명에게 보이자, 남명은 "주자께서도 '진

원은 구한다고 도달할 수 있는 곳이 아님을 비로소 깨달았다(始覺眞源求未到)'[31]라는 시구를 남겼으니, 후학들이 어찌 도를 본 경지에 도달했다고 쉽게 자처하는 것이 합당하겠습니까."라고 하여, 임훈이 얼굴빛을 고치고서 부끄러워하였다고 한다.[32]

이황에게 편지를 보내 당대 학풍을 우려하다

남명은 1553년 퇴계와 편지를 주고받은 뒤, 10여 년 동안 편지를 주고받지 않다가 1564년 9월 18일 남명이 퇴계에게 먼저 편지를 보냈다. 그 편지에 아래와 같은 내용이 있다.

요즘 학자들을 보건대, 손으로 물 뿌리고 비질하는 절도도 모르면서 입으로는 천리를 담론하며 헛된 이름을 훔쳐 등용되어 남을 속이길 계획하고 있습니다. 그러나 도리어 남에게 상처를 입게 되고 그 피해가 다른 사람에게까지 미치는데, 어찌 선생 같은 장로께서 꾸짖어 그만두게 하는 일을 하지 않으신단 말입니까. 저와 같은 사람은 마음을 보존한 것이 황폐하여 배우러 찾아오는 사람이 드물지만, 선생 같은 분은 몸소 상등의 경지에 도달하여 우러르는 사람이 참으로 많으니, 그들을 십분 억제하고 타이르심이 어떻겠습니까?[33]

남명이 퇴계에게 무슨 연유로 이와 같은 편지를 보냈는지는 상세하지 않다. 박인이 만든 「연보」에는 "세상의 학자들이 하학을 일

삼지 않고 오로지 상달만을 힘써 왕왕 도학자라는 이름을 빌리는 자가 있는 것을 선생은 항상 걱정했기 때문에 퇴계 선생에게 편지를 보낸 것이니, 대개 타이르고 금지해서 구원해 바로잡아 주기를 바랐기 때문이다."[34]라고 하였다.

당시 학계의 동향을 보면, 퇴계가 기대승과 1559년부터 1566년까지 편지를 주고받으며 사단·칠정의 이발理發·기발氣發에 대해 논쟁하고 있었으니, 성리설에 대해 본격적으로 토론이 일어난 것을 알 수 있다. 이는 사화기에 학자들이 출사를 꺼리고 학문에 전념하면서 성리학에 침잠하다 보니, 이처럼 이치를 탐구하는 쪽으로 나아갔기 때문이다. 특히 퇴계의 문하에서 이런 논쟁이 일어나자, 남명은 편지를 보내 그런 풍조를 지양할 것을 권한 것이다.

퇴계는 남명의 편지를 받고 "보내주신 편지에 '학자가 이름을 훔치고 세상 사람을 속이고 있다'는 의논은, 그대만 걱정하는 문제가 아니라 나도 걱정하고 있습니다. 그러나 그들을 꾸짖어 제지하고자 하기도 쉬운 일이 아닙니다."[35]라고 하였고, 또 "이런 책임을 맡을 수 있는 사람은 세상에 따로 있으니, 그런 책임은 병으로 쓸모 없어져 숨어 살며 도에 어둡고 학문에 어두운 나와 같은 사람에게 전혀 있지 않은데, 공께서는 어찌하여 이런 당치도 않은 말씀을 나에게 하신단 말입니까."[36]라고 하여, 자신이 그럴 만한 위치에 있지 않다고 하였다.

퇴계는 남명의 지적에 대해 수긍하여 1564년 문인 정유일鄭惟一에게 보낸 편지에서 다음과 같이 말하였다.

남명의 말이 어떤 사람을 지목해서 한 말인지는 모르겠으나, 그 말이 한쪽의 폐단만을 말한 점이 있는 것을 면치는 못하네. 그러나 우리들의 처지에서 말하면 실로 남을 꾸짖을 겨를이 없고 마땅히 자신을 꾸짖어야 하네. 어째서 그런가? 우리들은 마음속으로 배우기를 원하니 애초 어찌 기세도명欺世盜名하는 생각이 있겠는가. 다만 의지를 수립함이 돈독하지 못하고 도를 따르다가 중도에 그만두어 왕왕 입으로 천리를 담론할 적에 헛된 명성이 사방으로 퍼져나감을 금치 못하네. 그러나 나에게 있는 일상에서 몸소 실천하는 실상은 하나도 의지할 곳이 없네. 그렇다면 기세도명의 질책을 면하고자 해도 어찌 면할 수 있겠는가. 그러므로 남명의 말은 참으로 우리에게 약석藥石의 말이 된다고 할 수 있네. 지금부터는 바라건대 각자 더욱 자신을 다그쳐서 자신에게 돌이켜 실천하는 것으로써 천리를 담론하는 근본으로 삼아 이치를 궁구하고 몸으로 체험하는 공부를 한다면 거의 지知와 행行이 둘 다 진보할 것이네. 말과 행실이 서로 돌아보아 성인의 문하에 죄를 짓지 않아야 세상에서 지향을 고상하게 하는 선비에게 꾸지람받는 것을 면할 것이네.[37]

퇴계는 남명의 지적을 약석으로 받아들이며, 반궁실천反躬實踐으로 구담천리口談天理의 근본을 삼아야 한다고 하고 있다. 조선 성리학은 퇴계가 기대승과 사단·칠정의 이발·기발을 토론한 뒤 성리설 논쟁으로 점철되어 존양성찰과 경세치용의 정신이 도외시되었다. 이런 조선 성리학사의 흐름 속에서 남명의 언설은 당대 학풍의 폐단을 예리하게 지적한 것이며, 조선 성리학이 성리설 논쟁으로 이슈화되는 것을 미리 우려한 선견지명이다.

임금의 부름을 받고 상경하여 명종을 알현하다

1565년 4월 6일 문정왕후가 세상을 떠난 뒤 사헌부와 사간원에서 영의정 윤원형을 탄핵하였고, 홍문관까지 가세하여 연일 윤원형을 귀양 보내라고 아뢰었다. 그리하여 8월 21일 명종은 영의정 윤원형을 파직하였다. 그러나 사헌부·사간원·홍문관은 물론 승정원·종친부까지 나서서 윤원형의 유배를 청하였고, 8월 26일에는 영의정 이준경이 백관을 거느리고 나아가 윤원형의 유배를 청하였다. 그리하여 명종은 어쩔 수 없이 8월 27일 윤원형을 시골로 추방하였다. 윤원형은 강음현江陰縣(황해동 금천군)으로 쫓겨났는데, 첩 정난정이 11월 13일 자결하자 그도 11월 18일 스스로 목숨을 끊었다.

이처럼 문정왕후가 죽자, 5개월 만에 수십 년 동안 권력을 농단하던 윤원형은 몰락하고 새로운 세상이 열리게 되었다. 이런 분위기 속에서 쇄신을 요구하는 신하들의 요청을 명종은 수용할 수밖에 없었다. 그리하여 이듬해 초야의 어진 이들을 불러들였다. 이때 남명도 부름을 받고 한양에 가서 명종을 만났다.

박인이 만든 「연보」에는 '1566년 5월 남명이 임금의 부름을 받고 나가지 않았다'고 하였는데, 『명종실록』에는 1566년 7월 19일 명종이 이조에 '남명에게 품계를 초월하여 그에 알맞은 관직을 제

경복궁 사정전

경복궁 사정전 현판

수하라'고 전교하였다는 기록이 있다.[38] 이를 보면 「연보」의 '5월'
은 '7월'의 오기인 듯하다. 「연보」와 『남명선생편년』에는 남명이
1566년 8월 종5품직인 상서원 판관에 제수되고, 다시 소명이 있
었다고 하였다. 『명종실록』에는 8월 28일 기사에 '남명에게 약재
등을 내려보내고, 조리하여 속히 올라오도록 하유하였다'라는 기
사가 보이고, 같은 날 남명에게 상서원 판관을 제수한 것으로 되어
있다.[39]

　명종은 10월 4일 '10월 7일에 조식·성운·김범을 만나겠다'고
전교하였는데, 성운은 병으로 알현하지 못하고, 남명과 김범 두 사
람만이 사정전에 나아가 명종을 알현하였다. 명종은 어찰을 내려
'고금의 치란과 세도의 청탁, 나라를 다스리는 방법과 학문을 하는
방법, 가언嘉言과 선정善政에 대해 듣고 싶으니, 숨김없이 모두 말하
라'고 하였다.

　이에 남명은 "고금의 치란에 대해서는 책에 모두 갖추어져 있으
니, 신이 비록 아뢰지 않더라도 어찌 모르시겠습니까. 신이 아뢰려
고 하는 것은 별도의 다른 뜻이 있습니다."라고 하고서 다음과 같
이 아뢰었다.

　임금과 신하 사이에는 상하의 정에 틈새가 없어진 뒤에야 성의가 서
로 미덥게 됩니다. 임금이 마음을 열고 말을 받아들이며 다른 의중이
없어 중문을 활짝 열어젖히듯이 하시면, 신하들도 마음을 다하고 힘
을 다하여 신하의 도리를 다할 수 있을 것이며, 임금께서도 신하의

현부賢否를 똑똑히 꿰뚫어 보아 거울처럼 밝게 인재를 변별하여 '이 사람은 근후하니 훗날 반드시 어떤 사람이 될 것이고, 이 사람은 재주 있고 민첩하니 훗날 반드시 어떤 사람이 될 것이고, 이 사람은 굳세고 곧으니 마땅히 귀에 거슬리는 말을 진언할 것이고, 이 사람은 심지가 연약하니 반드시 아첨하는 무리가 될 것이다'라고 생각하실 것입니다. 신하들도 역시 성상의 생각이 발하는 것을 알아서 '이는 선한 생각이니 마땅히 십분 개발하고 인도하여 확충해야 할 것이고, 이는 불선한 생각이니 마땅히 막고 끊어 뻗어나가지 못하게 해야 할 것이다'라고 생각할 것입니다. 이처럼 상하가 사리를 강론하여 밝혀 정의情意가 서로 통하는 것이 바로 정치를 하는 근본입니다. 신은 먼 곳에 있어서 시사를 잘 알지 못합니다. 그러나 수십 년 내의 일을 직접 보건대, 군졸과 인민이 물 흐르듯 뿔뿔이 흩어져 마을이 텅 비었습니다. 오늘날을 위한 계책은 마땅히 불난 집처럼 해야 하니, 모든 사람이 서둘러 함께 구제하더라도 오히려 미치지 못할 수 있습니다. 성상께서 늘 진념하고 계실지라도 폐단이 오히려 전과 같으니, 신은 잘은 모르겠습니다만 신하들이 성상의 뜻을 잘 받들지 못해서 그런 것입니까, 아니면 성상께서 혹 옳은 말을 받아들이지 않아서 그런 것입니까? 신하가 서로 합심하여 나라일에 힘쓰는 도리가 얼마나 중요한데 이와 같은지 모르겠습니다. 임금의 학문은 정치를 하는 근본이니, 스스로 터득하는 것을 귀하게 여깁니다. 한갓 강론하는 말을 듣기만 하실 뿐이라면 유익함이 없습니다. 평소에 경서와 역사서를 보시면서 반드시 스스로 터득하시는 것이 옳습니다.[40]

명종은 '상하의 정이 서로 통한 다음에야 정의가 서로 미덥게 된
다'는 남명의 말이 더욱 좋다고 하면서 "옛날 군신 사이에 자유롭
게 정사를 토론하던 것은 어느 때에 있었고, 임금이 어두워 신하가
아첨하던 것은 어느 때에 있었는가?"라고 물으니, 남명은 다음과
같이 아뢰었다.

군신 사이에 자유롭게 정사政事를 토론하던 것은 삼대 때이고, 임금
이 어두워 신하가 아첨하던 것은 역대가 다 그러했습니다. 대저 임금
이 현명하면 신하는 정직하고, 임금이 혼매하면 신하는 아첨하니, 이
는 자연의 이치입니다. 옛날 임금은 신료를 벗처럼 친근하게 대우하
며 그들과 나라를 다스리는 도를 강론해 밝혔습니다. 오늘날은 그
렇게 할 수 없지만 반드시 정의情意가 서로 통하여 상하가 서로 믿
을 수 있게 된 뒤에야 정사를 제대로 할 수 있을 것입니다. 임금께서
참으로 이런 마음이 있으시다면 그 마음을 넓혀 나가야 합니다. 이
러한 일은 내실에서 환관이나 궁첩과 더불어 해서는 안 되고 반드시
시종侍從이나 정사正士와 더불어 하셔야 합니다.[41]

이 역시 임금과 신하 사이에 정의가 서로 통하는 것이 출치出治
의 근본임을 역설한 것이다. 명종은 다시 "옛날 초려에 있으면서 세
번이나 찾아가게 한 신하가 있었는데, 그때는 어떠했기에 한 번 불
렀을 때 오지 않고 세 번이나 찾아간 다음에야 나왔는가?"라고 물
었고, 남명이 다음과 같이 아뢰었다.

이는 소열제昭烈帝(유비)의 일입니다. 당시는 세상이 어지러워 반드시 영웅을 얻어 일을 함께해야 도모하는 바를 성취할 수 있었기 때문에 세 번이나 찾아가기에 이른 것입니다. 제갈량은 영웅입니다. 시사를 헤아리는 것 또한 어찌 우연히 그리한 것이겠습니까. 한 번 불러 나가지 않은 것은 반드시 당시의 형세가 그럴 만했을 것입니다. 그러나 유비와 함께 거의 30여 년 장구한 세월 동안 한나라의 부흥을 도모하였으나 천하를 회복할 수 없었으니, 그가 출사한 것에 대해서는 알 수가 없습니다.[42]

『명종실록』의 주에는 "상이 남명에게 '제갈량이 꼭 세 번 찾아가기를 기다려 일어난 것은 어찌해서인가?'라고 묻자, 남명은 대답하지 않았다. (중략) 전부터 남명은 여러 번 징소하였으나 나오지 않았고, 김범 역시 상소를 올려 사양했기 때문에 임금이 특별히 제갈량이 세 번 찾아간 일에 대해 하문하여 그들의 숨은 뜻을 살피려 했던 것인데, 남명 등이 또한 각각 자기들의 거취를 이렇게 아뢰었다."[43]라고 하였다. 이를 보면, 명종이 이들의 본심을 떠보려고 삼고초려의 고사를 물은 것이다.

이날 명종이 남명 등을 인견引見한 것에 대해 사신은 다음과 같이 기록하고 있다.

조식은 기품이 영특하고 빼어나며 마음속 생각이 고명하였다. 젊어서부터 구속받지 않고 산림에서 초연하게 지내 천 번 찾아가도 돌아

보지 않는 절조가 있었다. 문정왕후가 섭정할 때 유일로 특별히 단성현감에 제수되었으나 나아가지 않고 상소하여 시정時政의 잘잘못을 논하였는데 말이 매우 박절했다. 임금이 진노하여 다시 부르지 않았다. 이때 이르러 여러 번 예우하는 소명을 받아 마지못해 올라온 것이다. 임금을 알현한 뒤 바로 미련 없이 고향으로 돌아갔다. (중략) 대체로 당일 입대했을 때 조식의 말은 매우 예리했고, 김범의 말은 지나치게 겸손하여 말이 시원하지 못했다.[44]

사신은 남명의 생각이 고명하고 말이 매우 예리했다고 평하였으니, 당시 젊은 관료들이 남명을 얼마나 추중하고 있었는지를 짐작하게 한다.

선조의 부름을 사양하고 상소를 올려 시사를 논하다

명종은 1567년 6월 28일 승하하여 세자(선조)가 즉위하였다. 『선조실록』즉위년 11월 17일조에 기대승이 아뢴 말 가운데 "지난번 이황·이항李恒·조식을 올라오게 하는 일로 하서하신 것은"이라는 내용이 있으니, 선조가 즉위한 뒤 이들을 부른 것이다.

박인의 「연보」에는 당시 교지를 내려 남명을 부른 내용이 실려 있으며, 『남명선생편년』에는 이 교지를 구봉령具鳳齡이 가지고 왔다고 하였다. 남명은 상소를 올리고 나아가지 않았는데, 그 상소문 가운데 "또한 재상의 직임으로는 인재 등용보다 더 큰 것이 없는

데, 지금 '선·악을 따지지 않고 사邪·정正을 분간하지 않고 인재를 등용한다'라고 하였습니다."라고 하였다. 박인은 이에 대해 당시 근신 가운데 경연에서 '남명이 배운 것은 유학과는 다른 것입니다'라고 아뢴 자가 있었으므로 남명이 상소문에 이렇게 쓴 것이라고 하였다.[45]

이해 12월 다시 선조가 교지를 내려 날씨가 온화해지면 올라오라고 하였는데, 이는 11월 17일 경연에서 기대승이 "다만 이황은 신유생이고, 이항은 기미생이며, 조식 역시 신유생으로 모두 70세의 고령입니다. 이처럼 날씨가 매우 추운 때에는 불러올 수 없는데 이미 소명이 있었으니 물러나 있기가 미안하여 필시 괴로워할 염려가 있습니다. 만약 집에 있으면서 병을 조리하는 것을 어렵게 여겨 길을 떠났다가 병이라도 얻게 되면 길에서 죽을까 걱정됩니다. 성상께서 만나보고 싶으신 생각이 간절하더라도 어진 선비를 기다리는 데는 관대하게 해야지 몰아붙여 촉박하게 해서는 안 됩니다. 날씨가 춥고 병이 있다면 상황을 보아가면서 올라오도록 다시 하유하심이 어떻겠습니까?"[46]라고 아뢴 것을 따른 조처였다.

이때 남명은 「정묘사직정승정원장」을 올렸는데, 문집에 실려 있다. 남명은 이 상소문에서 "청컨대 '구급救急' 두 자를 바쳐 나라를 부흥시키는 한마디 말로 삼아 미천한 신이 몸을 바치는 것에 대신하고자 합니다."[47]라고 하면서, 나라의 근본이 무너져 기강이 없어지고 원기元氣가 위축되었으며, 예의가 없어지고 형정刑政이 어지러워졌음을 고하고, 민생의 어려움과 정치의 폐단을 직언하였다. 그러면서 일의 완급과 허실을 다시 분간해서 처리하기를 주문하였다. '구급'은 '급한 불부터 끄라'는 말이니, 당시의 실정을 정확히 파악한 처방이라 하겠다.

선조는 1568년 1월 27일 비망기로 조식과 성운을 부르라고 전교하였다.[48] 이에 남명은 「무진봉사」를 올렸는데, 『선조실록』 5월 26일조에 그 대략이 실려 있다. 남명은 이 「무진봉사」에서 임금이 나라를 다스리는 요점은 『중용』의 명선明善과 성신誠身을 바탕으로 수신하여 군덕을 닦는 데 있다고 하며, 현자를 존숭하는 인재 등용의 문제, 서리胥吏가 나라의 일을 제멋대로 처리하고 있는 점, 도탄에

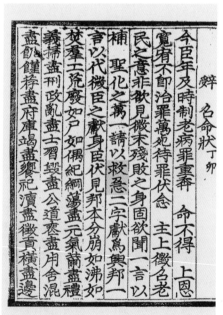

정묘년에 올린 사직 상소의 '구급(救急)' 두 글자

빠진 민생을 구제하기 위해 전에 아뢴 구급에 대한 조처가 아직 없는 점 등을 아뢰었다.

이에 대해 선조는 "전일 아뢴 내용을 내가 항상 자리 옆에 두고 살펴보고 있는데 이 격언을 보니 그대의 재주와 덕이 더욱 높은 줄 알겠다. 내 비록 민첩하지 못하지만, 응당 유념할 것이니 그대는 그리 알라."[49]라고 비답하였다.

선조는 1571년 4월 남명에게 음식물을 하사하라는 전교를 내렸고, 남명은 5월 음식물을 하사한 것에 사례하는 소장(謝宣賜食物疏)을 올렸다. 남명은 이 소장에서 음식물을 하사한 것에 대해 감사를 표하고, 이어 나라의 급한 일을 구제할 것을 주문하였다. 그러면서 마지막에 '군의君義' 두 자를 올려 임금이 몸을 닦고 나라를 정돈하는 근본으로 삼기를 간절히 염원하였다. '군의'는 『맹자』에 나오는 말로 "임금이 의로우면 의롭지 않은 사람이 없다."는 뜻으로, 임금이 몸소 의로움을 실천하여 조정의 기강을 바로잡으라는 말이다.

이에 대해 선조는 "올린 소장을 살펴보건대, 그대가 나라를 걱정하는 정성은 초야에 있으면서도 조금도 잊지 않고 있으니, 매우 가상하다. 하사한 물품은 보잘것없는 것이니 사례할 것이 뭐 있겠는가. 그대는 염려하지 말라."[50]고 답하였다.

이상에서 살펴보았듯이, 남명이 만년에 선조에게 올린 3편의 상소문은 민생의 급한 문제를 빨리 해결하라는 구급救急, 임금이 먼저 의로워야 한다는 군의君義, 그리고 명선과 성신을 통한 임금의 수신을 역설한 군덕君德으로 요약할 수 있다.

박인이 만든 「연보」에는 1570년 두 차례 임금이 불렀는데 모두 사양하였다고 하였다. 『남명선생편년』에는 문인 유종지가 지은 제문에 "일곱 번 봉사를 올렸다."라고 하였는데, 문집에는 4편의 상소문밖에 없기 때문에 2편은 이해에 올린 것으로 추정된다고 하였다.[51] 그러나 『선조실록』에는 이에 관한 기사가 보이지 않는다.

처사의 삶을 마감하고 지리산 자락에 묻히다

남명은 1571년 12월 21일 등에 종기가 났는데 침을 놓고 약을 써도 효험이 없었다.[52] 1572년 1월 정구가 문병하러 와서 보름 동안 간병하였고, 노진도 와서 문병하였다. 1월 14일 병세가 심해져서 문생들이 "선생께서 저희에게 한 말씀 해주시기를 청합니다."라고 하니, 남명이 "모든 의리는 자네들이 아는 것이네, 다만 그 의리를 독실하게 믿는 것이 귀하네."라고 하였고, 또 "여러 벗이 이 자리에 있으니, 나의 죽음은 또한 영광스럽네. 또한 아녀자들이 슬피 우는 모습을 보지 않으니, 이는 대단히 유쾌한 일이네."라고 하였다. 그리고 시사를 극론하면서 평소처럼 강개하여 주먹을 불끈 쥐기도 하였다.

이날 김우옹이 "만일 잘못되신다면 마땅히 어떤 칭호로 선생을 불러야 하겠습니까?"라고 하니, "'처사處士'라고 부르는 것이 좋겠다. 이것이 내 평생의 지향이었다. 만약 이 '처사'라는 명칭을 쓰지 않고 작위를 일컫는다면 이는 나의 뜻을 저버리는 것이다."라고 하였다.

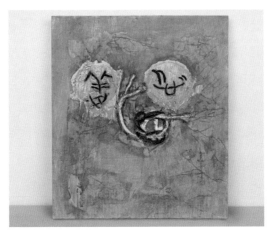

경의(윤효석 作)

　1월 15일 아침 남명은 김우옹을 불러 "나는 오늘 정신이 전날과 다르다. 아마 죽을 듯하니, 다시는 약을 들이지 말라."라고 하여, 김우옹이 손으로 두 눈을 닦고 눈동자를 열어보니, 정채하고 밝기가 평소와 다름이 없었다. 남명은 다시 창문을 열게 하고서 "날씨가 이처럼 청명하구나."라고 말하였으며, 또 "벽에 써 붙인 '경의敬義' 두 자는 매우 절실하고 긴요하니, 학자의 공부는 요점이 이를 힘써 익숙히 하는 데에 있다. 익숙하게 하면 일물一物도 가슴속에 남아 있는 것이 없을 것이다. 나는 그 경지에 도달하지 못하고 죽는구나."라고 하였다.

　김우옹이 동쪽으로 머리를 두어 생기를 받기를 청하니, 남명이 말하기를 "동쪽으로 머리를 둔다고 어찌 생기를 받겠는가."라고 하였다. 김우옹이 두세 번 다시 청하고, 또 군자는 자리를 바르게 하고 생을 마감한다는 설을 말하자, 남명이 허락하면서 "군자는 남을 사랑할 적에도 또한 예로써 해야 한다."라고 하고서, 드디어 머리를 동쪽으로 두었다.

남명은 약을 거절하고 미음도 먹지 않았다. 온종일 누워있었지만, 정신이 어지럽지 않고 명료하였다. 문인 정인홍이 "약을 드시지 않는 것은 참으로 말씀대로 하겠습니다만, 미음을 드시지 않는 것은 자연의 도리가 아닌 듯합니다."라고 하니, 남명은 미음을 조금 들이는 것을 허락하였다. 저녁나절에 소생하였다가 20여 일이 지난 뒤 생을 마감하였다.[53]

2월 6일 이광우李光友가 와서 문병하였다. 남명은 문인 하응도·손천우孫天佑·유종지 등에게 일러 사상례士喪禮에 따라 상을 치르라고 하였다. 1571년 봄 남명은 『사상례절요士喪禮節要』을 만들어 하응도 등에게 맡겼는데, 그에 따라 상례를 치르게 한 것이다.

남명은 1572년 2월 8일 정침正寢에서 생을 마감하였다. 1월 경상도관찰사가 남명의 병환이 위중하다고 조정에 아뢰어 선조가 내시를 파견해 문병하였는데, 사신이 오기 전에 별세하였다. 남명은 부인의 손에서 죽는 것을 원치 않아 부인도 가까이할 수 없었다. 집안 안팎을 단속하여 고요하게 하였으며, 문인들에게 웃으면서 "죽고 사는 것은 떳떳한 이치일 따름이다."라고 말하고서 잠자리에 드는 것처럼 편안한 표정으로 세상을 떠났다.

부고가 조정에 전해지자, 선조는 부의와 제문을 내리고 통정대부 사간원 대사간에 추증하였다. 그리고 예조좌랑 김찬金瓚을 보내

남명 선생 묘소

제문을 내리며 효유하였다. 이해 4월 6일 유언에 따라 산천재 뒷산 기슭에 장사 지냈는데, 장례식에 참석한 사람들이 수백 명에 이르렀다.

1576년에 최영경 등이 진주 덕산에 덕산서원德山書院을 창건하였고, 노흠盧欽 등이 삼가三嘉에 회산서원晦山書院을 창건하였으며, 1577년 송희창宋希昌·문경호文景虎 등이 회산서원이 좁다는 이유로 향천香川으로 옮겨 용암서원龍巖書院을 창건하였다. 1578년에는 김해부사 하진보河晉寶 등이 김해 산해정 터에 신산서원新山書院을 창건하였다.

1609년 덕천서원·용암서원·신산서원에 사액하였다. 그리고 1615년 남명을 의정부 영의정에 추증하고 '문정文貞'이라는 시호를 내렸다.[54] 1615년에 영남 생원 하인상河仁尙 등 수백 명이 상소하여 남명의 문묘 종사를 청하였으나 윤허하지 않았다.[55]

하인상이 문묘 종사를 청원했다는 기록

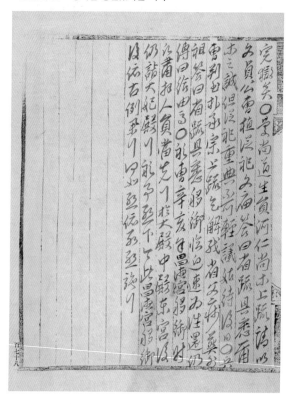

산천재에서의 일화

1561년 남명이 산천재로 이주한 뒤, 진주향교 교수敎授로 내려온 정탁이 찾아와 학문을 질정하였다. 정탁은 퇴계의 문인으로 1558년 문과에 급제하여 1560년 벼슬길에 나아간 인물이다. 당시에는 성리학이 정착하는 시기로, 한 스승에게만 배우지 않고 학덕이 높은 학자가 있으면 찾아가 질정하는 것이 일반적인 풍습이었다. 그래서 남명과 퇴계 두 선생의 문하에서 함께 공부한 사람들이 적지 않다.

정탁이 찾아와 며칠 강론한 뒤 돌아갈 때, 남명이 소 한 마리를 내주면서 타고 가라 하였다. 정탁이 그 의도를 알아차리지 못하자, 남명은 "공은 말하는 기세가 너무 민첩하니, 느리고 둔하지만 멀리 갈 수 있는 말을 하는 것만 못하네."라고 하였다.

이 이야기는 유명한 일화로 전한다. 느리고 우둔한 소처럼 천천히 말하고, 천천히 전진하라는 뜻이다. 이 일화는 "빨리! 빨리!"를 외치는 우리에게 일침이 될 만한 격언이다. 우리는 오늘날 '느림의 미학'을 말하고, '멈추어야 보인다'고 말하는데, 남명은 정탁에게 이런 교훈을 준 것이다. 공자가 그랬듯이, 진정한 스승은 상대의 부족한 점을 이끌어 주고 넘치는 점을 절제하게 하여 중도에 맞는 균형감각을 갖게 해주는 사람이다. 즉 글만 가르치는 것이 아니라, 부족한 점을 깨달아 중용의 도에 맞게 하는 가르침을 주어야 참다운 스승이라 할 수 있다.

명상마을 표지석

1565년에는 문인 오건이 찾아왔다. 오건은 산청 출신으로 일찍 부친을 여의고 독실하게 공부한 인물이다. 1551년 남명에게 찾아와 문인이 되었으며, 1558년 문과에 급제하여 벼슬길에 나아갔다. 성주 훈도星州訓導로 있을 때는 그 고을의 정구가 배우기도 하였다. 오건은 1565년 9월 병으로 사직하고 낙향하여 스승을 찾아뵈었고, 산청 지곡사 등지에서 스승 및 동학들과 강학하기도 하였다. 1566년 다시 벼슬에 제수되어 한양으로 올라가기 직전에 남명을 다시 찾아온 듯하다.

그때 남명은 제자를 떠나보내는 아쉬움에 10리 밖의 시냇가 정자나무까지 나와 전별하면서 전별주를 따라주었다. 남명은 그에게 벼슬에서 물러나길 권유하였으니, 험난한 조정으로 돌아가는 제자를 못내 안타까워한 것이다. 그리하여 이 정자나무는 '송객정送客亭'으로 불리게 되었고, 후대에는 정자까지 지어졌다.

오건은 스승이 따라주는 전별주를 마시고 취해 노새를 타고 길을 가다 노새에서 떨어져 이마에 상처를 입었다. 그래서 후인들은 그 언덕을 '낙마파落馬坡'라 하고, 그 마을을 '면상촌面傷村'이라 불렀다. 그런데 지금에서는 이런 고사를 잊어버리고는 이 마을을 '명상마을'이라고 부른다. 역사를 잃어버리면 이처럼 터무니없는 일이 생긴다.

이 이야기는 후대 이 지역 학자들에게 하나의 아름다운 고사가 되어 전해졌다. 특히 19세기 경상우도 지역에 학문이 울창하게 일어나자, 학자들은 대원사 계곡을 '도의 근원이 흘러나오는 곳'으로 인식해 구도적 의지를 다지며 대원사 계곡을 유람했다. 그때 이들은 남명이 오건을 전별한 송객정을 지나면서 아름다운 고사를 회상했고, 자신들도 그 시대에 태어나 남명의 문하에서 가르침을 받았으면 얼마나 좋았을까를 상상하였다.

또 이들은 대원사로 들어가는 면상촌에 이르러, 다시 오건이 노새에서 떨어져 얼굴에 상처를 입은 고사를 떠올리며, 자신들도 스승이 따라주는 술에 취해 이마가 깨지고 싶다고 푸념하기도 했다. 이렇게 남명과 오건은 후인들이 부러워하는 스승과 제자 사이의 아름다운 고사를 이 골짜기에 남겨놓았다.

남명의 문인 강익은 함양 사람이다. 그는 산천재에 와서 남명에게 배웠는데, 어느 날 남명을 모시고 달을 감상하다가 다음과 같이 노래했다.

흰 달은 밝아 가을날 빨래한 옷처럼 희고,	素月明秋練
맑은 시내 고요하여 물결도 일어나지 않네.	澄流靜不波
봄바람이 하도 좋아 밤새도록 앉아 있으니,	春風坐一夜
이 참된 맛이 정히 어떠한가.[56]	眞味正如何

이 시의 '흰 달의 밝음(素月明)'과 '맑은 시내의 고요함(澄流靜)'은 바로 남명의 정신세계를 비유한 말이다. 밝음과 고요함이 곧 남명이 평소 추구하던 한 점 티끌도 없는 진실무망한 마음이다. 또 '가을날 빨래한 옷(秋練)'은 증삼曾參이 공자의 경지를 "양자강과 한수(漢水)에 세탁하여 가을볕에 말린 것처럼 희고 희어 그보다 더한 것이 없다."[57]라고 한 것을 비유한 말로, 한 점 티끌도 없는 깨끗한 마음을 가리킨다. 강익은 이런 선생의 정신세계에 흠뻑 취해 있는 즐거움을 '진미眞味'라고 표현하였다. 강익은 산천재에서 남명을 모시고 공부하면서 광풍제월 같은 남명의 마음을 엿보고서 그 기쁨을 이처럼 노래한 것이다.

산천재에서의 정신 지향

남명은 젊어서부터 '깨끗한 잔에 맑은 물을 담아 밤새도록 두 손으로 받쳐 들고 의지를 강건하게 유지하려 하였다'고 전한다. 자신과의 싸움에서 의지를 강건하게 하려 한 것이다.

남명은 성현의 학문에 뜻을 둔 뒤로 공자·주돈이·정호·주희 네 성현의 초상을 그린 「사성현도四聖賢圖」를 만들어 곁에 두고서 늘 자신을 엄숙하고 단정하게 하였다. 산천재에 기거할 적에는 동쪽 협실에 이 사성현도를 모셔두고 매일 스승을 모시고 공부하는 마음가짐을 흐트러뜨리지 않았다. 1818년 산천재를 중건한 뒤로는 산천재를 찾아오는 사람들이 우러러 배알할 수 있도록 하기 위해

사성현유상 봉안 위판

「사성현도」를 중당中堂에 안치하였다.

또 남명은 산해정 시기에 사악한 마음을 막고 성심을 보전하는 내용의 「좌우명」을 써 붙여놓고서 진실무망의 성誠을 추구하는 마음가짐을 독실히 하였다. 이런 수신 공부를 실천하기 위해 「금인명金人銘」・「신언명愼言銘」・「혁대명革帶銘」 등을 지어 말을 삼가려고 노력하였다. 또 '성성자惺惺子'라는 쇠방울(金鈴)을 차고 다니며 정신을 또렷이 하려 하였으며, 칼자루에 "안으로 마음을 밝히는 것은 경敬이고, 밖으로 일을 처단하는 것은 의義이다.(內明者敬 外斷者義)"라는 여덟 글자를 새겨 넣은 칼을 지니고 다니며 마음에서 일어나는 사욕을 즉석에서 베어내려 하였다. 즉 남명은 쇠방울을 차고 다니며 정신을 또렷이 깨어 있게 하고, 몸에는 패검을 지니고 다니며 경의敬義를 늘 마음속에서 한순간도 잊지 않으려 한 것이다.

또 남명은 산천재 방 안에 「신명사도」를 그려 걸어놓고 늘 주시하였으며, 벽에 '경의敬義' 두 자를 큰 글씨로 써 붙여놓고서 늘 마음에 새겼다. 회갑을 지난 노인이 자신의 마음을 단속하기 위해 이처럼 강건한 의지로 피나는 노력을 한 것이다. 그러고서도 세상을 떠날 적에 "경의를 익숙하게 하여 일물一物도 마음속에 남아 있지 않은 경지에 이르지 못하였다"고 고백하였다. 여기서 남명의 인간적인 모습을 볼 수 있을 뿐만 아니라, 심신을 수양하여 자연의 이치와 하나 되기가 얼마나 어렵고 힘든 일인지를 느끼게 한다. 이런 의지와 노력으로 생을 마감하는 것이 군자유종君子有終이며, 도학자의 삶이다.

03
산천재 중건과 감회

1) 산천재 중건

산천재는 임진왜란 때 소실[58]된 뒤로 복원되지 못하여 약 225년 동안 잡초만 무성한 터로 남아 있었다. 그러다 1817년 가을 경상도 감영과 진주목晉州牧에서 비용을 대고 인근 관청에서 보조하며 사림과 본손이 재물을 출연하여 산천재 복원 공사를 시작해 1818년 3월에 완공하였다.[59] 그리고 1824년 남명이 매일 예를 표하던 네 성현의 유상遺像을 다시 마루에 봉안하였다.

산천재가 이처럼 뒤늦게 복원된 것은 1623년 계해정변으로 남명학파가 와해되고 학문이 침체하여 남명의 유적지를 복원할 만한 사회적 분위기가 조성되지 않았기 때문이다. 또한 남명의 봉사손이 17세기 중반 이곳을 떠나 선산으로 이주하여 1백여 년 동안 봉사손이 이곳에 살지 않았기 때문이다.

대체로 한옥은 70~80년이 되면 중수하는데, 1818년 중건한 산천재도 19세기 말에는 중수하지 않으면 안 되었을 것이다. 이때 이

산천재 전경

일을 앞장서서 주선한 인물이 남사마을에 살던 정제용鄭濟鎔이다.
정제용은 연일정씨로 정몽주의 17세손이다. 그가 산천재를 중수한
시기가 정확하게 언제인지는 알 수 없지만, 대체로 20세기 초로 추
정된다. 정제용은 남명의 본손 조병진曺秉鎭·조항순曺恒淳 등과 힘
을 합해 중수하고 사성현도를 중당에 다시 봉안하여 유생들이 우
러르며 배알하기 편하게 하였다. 정제용이 중수하고 지은 「산천재
중수기」에는 산천재의 장소적 의미를 시대정신으로 승화하여 다음
과 같이 기술하였다.

아! 산천재를 중수하는 일이 어찌 이를 위한 것일 뿐이겠는가. 다만 생각건대, 이 네 분 성현의 도는 곧 남명 선생이 되신 까닭이니, 이 산천재는 곧 우리 도가 존재하는 곳이다. 이 산천재에 들어오는 모든 사람은 남명 선생의 지향을 본받아 쇄소응대의 하학으로 말미암아서 천리를 궁구하고, 거경居敬을 말미암아 진실무망의 성誠을 확립하며, 단계를 뛰어넘지 말고 법도를 넘어서지 말아야 할 것이다. 요컨대 남명 선생의 학덕을 저버리지 않는다면 장차 온 나라에 빛나는 문명을 보게 될 것이다. 온 세상이 밝게 빛나는 것이 반드시 이 산천재에서 그 조짐이 드러날 것이다.[60]

정제용이 이 중수기를 쓸 때는 나라가 망하고 도가 없어지는 시기였다. 그는 공자로부터 주자로 이어진 도를 남명이 계승하여 산천재에 그 도가 보존되어 있다고 생각했다. 그래서 산천재는 그냥 남명의 유적지가 아니고, 공자·주자의 도가 보존된 곳으로 그 의미를 부여한 것이다. 또한 남명은 이런 공자·주자의 도를 계승한 도학자이기 때문에 이곳에 깃든 그 도학을 후학들이 잘 계승한다면 다시 문명의 세상을 만들 수 있다고 하였다. 절망의 시대에 희망의 불씨를 꺼지지 않게 하려는 간절한 소망을 담아낸 글이다. 이 글을 읽고 산천재에 가서 그곳이 바로 공자와 주자와 남명의 도가 보존된 곳이라고 다시 생각하면, 선인들이 문명의 도를 지키려 한 그 간절함에 눈물이 난다.

정제용은 산천재를 중수한 뒤, 벅찬 감회로 이렇게 노래했다.

남명 선생께서 이 누각을 소유하셨었지,	南冥夫子有斯樓
뒤늦게 중수하니 경계가 더욱 그윽하구나.	晚得重修境益幽
여러 봉우리의 우뚝한 밝은 기운이 문에 비추고,	曉氣透簾群嶂屹
큰 강이 흐르는 듯한 찬 물소리가 방 안에 들리네.	寒聲入戶大江流
후생들이 함께 경축하여 오늘 많이 모였는데,	後生共慶多今日
네 성현 다 같이 존모함은 예로부터 그랬네.	四聖同尊自昔秋
우리 도의 흥망성쇠는 여기서 점쳐야 하리,	吾道昇沈當卜此
앞으로도 계속해서 중수해 끊어짐이 없기를.[61]	來來嗣葺儻無休

정제용이 산천재를 중수할 때는 덕천서원이 훼철되어 남명에 대한 향사를 지내지 못하고 있었으니, 산천재의 석채례釋菜禮는 더욱 의미를 가질 수밖에 없었다. 특히 산천재는 남명이 생전에 네 성현의 초상을 봉안해 놓고 그 경지에 이르고자 노력한 곳으로, 유학의 도가 있는 곳이었다. 그러기에 정제용은 유도의 흥망성쇠가 이 산천재를 계속 지켜나가는 데 있다고 감회를 노래하고 있다.

2) 산천재 단청

설화에는 서경덕의 문인 이지함李之菡이 산천재로 남명을 찾아왔는데 단청을 칠한 호화로운 건물을 보고서 선비의 주거지로 부적절하다고 여겨 방 안에 들어가서 똥을 누고 갔다는 이야기가 전

산천재 단청

한다.[62] 그러나 이는 어디까지나 설화일 뿐이다. 김우옹의 「남명선생언행록」에 의하면, 김우옹이 단청을 칠한 이유를 묻자 남명은 밝고 깨끗함을 취한 것이라고 하였으니 지금처럼 화려한 단청을 칠한 것은 아닌 듯하다.

조선 시대에는 사가私家의 단청을 금하였으니, 남명 생전에는 화려한 단청을 칠하지 않았을 것인데 왜 지금은 화려하게 단청을 칠한 것일까? 혹자는 '남명이 화려함을 좋아하여 단청을 칠하였다'고 하는데, 남명이 국가의 법제를 어기면서 화려함을 추구할 리는 없다. 또한 남명은 살림이 매우 빈한하였으니, 화려한 단청을 칠할 여유가 없었을 것이다. 그러므로 그 설은 호사가가 지어낸 설일 것이다.

산천재에는 1824년 네 성현의 유상을 봉안하였으니, 신을 모시는 사당에 준하는 예를 적용할 수 있었을 것이다. 또한 산천재에 선조사제문宣祖賜祭文을 판각하여 보관하였기 때문에 임금을 예우하는 뜻으로 단청을 칠한 듯하다. 또 산천재를 중건한 뒤 유림이 이곳에서 석채례를 행하였으니, 신위를 모신 사당처럼 여긴 듯하다. 따라서 처음에는 화려한 단청을 칠하지 않았고, 중건한 뒤에 지금처럼 단청을 칠한 것으로 추정된다.

3) 산천재의 현판, 벽화, 매화나무

현판

지금 산천재에는 두 개의 현판이 걸려 있다. 하나는 전서篆書로 쓴 것인데, 판서를 지낸 조윤형曹允亨의 글씨이다. 하나는 해서楷書로 쓴 것인데, 참판을 지낸 이익회李翊會의 글씨이다. 네 기둥에 걸려 있

산천재 현판

는 「덕산복거」를 쓴 주련은 남명의 11세손 조병철曹秉哲이 쓴 것이다. 산천재 왼쪽에 남명의 대표적인 시 「제덕산계정주題德山溪亭柱」를 쓴 시판이 걸려 있는데, 이 글씨도 조병철이 썼다.

산천재 앞 언덕 밑은 본래 덕천강의 지류가 흐르던 시내였다. 그

「제덕산계정주」 시판

시냇가에 남명이 초정草亭을 지었는데, 그 옆에 상수리나무가 있어
서 '상정橡亭'이라 하였다. 이 상정의 기둥에 써 붙인 시가 「제덕산
계정주」로, 그 내용은 다음과 같다.

청컨대 저 천석들이 종을 보시게,　　　　　　　　請看千石鍾

크게 치지 않으면 두드려도 소리 없다오.　　　　非大扣無聲

나도 어찌하면 저 두류산처럼 되어,　　　　　　爭似頭流山

하늘이 울어도 울지 않을 수 있을까.[63]　　　　天鳴猶不鳴

이 시의 '천석종千石鍾'은 곧 천왕봉이다. 그 종소리는 조선 팔도
에 울릴 정도로 우렁차니, 곧 도가 발현하여 세상에 미치는 교화를
상징한 것이다. 남명은 이 초정에서 천왕봉을 바라보며 사화로 무
너진 도덕과 기강을 다시 일으킬 도를 구하였는데, 그 도는 유별난

것이 아니라 천인합일의 성誠에 이르는 것이었다. 이때 성誠은 천도天道인데, 사람의 마음으로 말하면 진심으로 꽉 차서 조금도 사사로운 마음이 없는 진실무망眞實無妄의 경지이다. 이것은 바로 공자로부터 주자로 이어져 내려온 도이다. 남명은 바로 이 도를 구하여 팔도에 그 교화를 펴고자 꿈을 꾼 것이다.

벽화

산천재 현판을 걸어놓은 처마 밑에는 삼면에 벽화가 그려져 있다. 그중 하나는 신선들이 바둑을 두는 그림으로 '상산사호도商山四皓圖'라고 부른다. 상산사호는 진시황의 학정을 피해 남전산藍田山에 들어가 은거한 동원공東園公, 각리선생角里先生, 기리계綺里季, 하황공夏黃公을 가리킨다. 이들은 한 고조가 천하를 통일하고 초빙하였으나 나아가지 않고 종남산終南山에 은거하였다. 이들은 모두 은자이니, 이 그림은 산천재가 '은자의 처소'였음을 상징적으로 말해준다.

또 하나는 몸을 씻는 사람과 소를 타고 가는 사람을 그린 그림으로 '허유소보도許由巢父圖'라고 부른다. 즉 기산箕山과 영수潁水에 은거한 소보巢父와 허유許由를 그린 그림으로 추정하고 있다. 요임금이 허유에게 천하를 물려주려 하자, 허유는 그 소리를 듣고서 '자신의 귀를 더럽혔다'고 여겨 영수의 물에 귀를 씻었다. 그때 마침 송아지를 끌고 와서 그 물을 먹이던 소보는, '허유가 귀를 씻은 물에 송아지의 입을 더럽혔다'고 하여 소를 끌고 상류로 올라가 물을

상산사호도

허유소보도

이윤우경도

먹었다고 한다. 허유와 소보는 요임금 시대 은자를 대표하는 인물이다. 이 그림 역시 산천재가 '은자의 처소'임을 상징한 것이다.

마지막 하나는 어떤 사람이 소를 몰며 밭을 가는 그림으로 '이윤우경도伊尹牛耕圖'라고 한다. 이윤은 상나라 탕임금을 도와 태평 시대를 이룩한 인물이다. 그는 처음에 유신씨有莘氏의 들녘에서 농사를 지으며 요·순의 도를 즐기면서 세상에 나아가려 하지 않았다. 그러다 탕임금의 간곡한 요청으로 출사하여 천하를 태평 시대로 만들었다. 이 그림 역시 이윤이 은거할 때의 모습이니, 산천재가 '은자의 처소'임을 말한 것이다.

이 세 벽화는 모두 남명이 무도한 세상에 나아가지 않고 깊숙이 은거한 것을 상징적으로 드러내 보인 그림이다. 그런데 누가 언제 그렸는지는 모른다. 분명한 사실은 이 세 그림 모두 남명이 은자임을 드러낸 것인데, 이 가운데 남명의 정신 지향과 궤를 같이하는 것은 '이윤우경도'뿐이다.

허유·소보와 상산사호는 모두 당대를 무도한 시대라고 여겨 현실을 등지고 숨은 은자이다. 남명은 무도한 시대라고 판단해 세상에 나아가지 않았지만, 세상사를 잊지 않고 우국애민하는 마음을 잠시도 느슨하게 하지 않았다. 즉 현실에 눈을 감지 않고 정면으로 대응하며 경세치용의 마음을 저버리지 않았다. 따라서 '허유소보도'와 '상산사호도'는 남명 정신과 맞지 않는다. 그러므로 남명이 생전에 이런 그림을 그렸을 리는 없다.

그렇다면 산천재를 중건하면서 후인들이 남명의 은일을 드러내기 위해 중국 역사 속의 상징적인 은자를 그려 넣은 듯하다. 남명은 후한 광무제 때 부춘산富春山 동강桐江에 은거한 엄광嚴光과 자신은 다르다고 하면서, 자신은 '공자 배우기를 원하는 사람'이라고 하였으니, 바로 여기에 남명의 현실주의 정신이 있다. 따라서 현실정치에 나아가지 않고 은거했다고 해서 중국 고대의 은일지사처럼 현실을 등지고 살았다고 보면, 남명의 정신을 올바로 이해하지 못하는 것이다.

남명은 벼슬길에 나아가지 않았지만, 현실정치에 대해 눈을 감지 않고 적극적으로 참여하여 자신의 목소리를 냈다. 그것은 상소문을 통해 알 수 있고, 절친 성운이 지은 「묘비문」 및 정인홍과 김우옹이 지은 「행장」에서 확인할 수 있다. 남명은 은거했으나 현실을 등진 은자가 아니기 때문에 굳이 처處로 자처한 것이다. 은隱은 세상에 나아가지 않고 숨는 것이지만, 처處는 출出과 상대적인 말로 벼슬길에 나아가지 않았을 뿐, 세상을 피해 숨는 것이 아니다. 그래서 남명은 임종하기 전에 자신이 운명한 뒤의 호칭을 '처사處士'라 쓰라고 유언까지 한 것이다. 그리고 후인들은 남명을 출처대절出處大節을 보인 인물로 평하는 것이다.

매화나무

산천재 마당에는 '산청삼매山淸三梅'의 하나로 일컬어지는 남명매南冥梅 한 그루가 있다. 이 매화나무는 누가 언제 심었는지 알 수 없지만, 고목으로 초봄이면 군자다운 향기를 세상에 퍼뜨린다.

이 매화나무는 남명이 손수 심은 것으로 전하지만, 남명이 산천재에 매화나무를 심었다는 기록은 없다. 남명은 김해 산해정 옆에 대나무를 심으며 다음과 같이 노래했다.

이 대나무는 외로울까 외롭지 않을까,	此君孤不孤
소나무가 곁에 있으니 외롭지 않을 거야.	髥叟則爲隣
바람 불고 서리 내리는 때에 보지 않아도,	莫待風霜看
파릇파릇한 네 모습을 언제나 볼 수 있겠지.[64]	猗猗這見眞

이 시를 보면 남명은 산해정 시절에 대나무도 소나무처럼 사랑한 것을 알 수 있다. 또 「매화나무 밑에 모란을 심고(梅下種牧丹)」라는 시가 있으니, 아마도 산해정 시절에 지은 시인 듯하다. 그러니까 남명은 산해정 시절에는 매화나무도 심고 대나무도 심고 모란 같은 화초도 심었던 듯하다. 그런데 만년에 지은 것으로 추정되는 아래의 시를 보면, 남명은 나중에 대나무를 사랑하지 않고 오로지 소나무만을 좋아한 것을 알 수 있다.

세 친구 서 있는 소슬한 한 가닥 오솔길,	三益蕭蕭一逕通
한미한 이 어려운 일 사랑함이 가련하네.	最憐寒族愛難功
아무래도 싫구나, 솔과 한편이 아닌 대가,	猶嫌未與髥君便
바람 부는 대로 몸을 맡겨 흔들리는구나.[65]	隨勢低昂任却風

산천재와 매화나무

산천재 매화나무 밑에 세운 시비

'세 친구'는 도연명陶淵明으로부터 유래한 대·솔·국화이다. 이 셋은 모두 군자의 지조를 대변하는 상징물이다. 빛깔의 이미지로 보면 대나무와 소나무는 한겨울에도 푸르름을 변치 않는 지조와 절개를 상징한다. 그런데 남명은 어느 순간 대나무가 바람에 휩쓸려 쓰러지는 것을 보았다. 그래서 바람이 불어도 끄덕 않고 꼿꼿하게 서 있는 소나무와는 달리, 바람 부는 대로 몸을 맡겨 흔들리는 대나무를 싫어한 것이다.

남명은 거처하는 곳에 화초를 심지 않고, 오직 소나무·대나무·괴목槐木(회화나무)만을 심었다고 한다.[66] 그런데 만년에는 소나무만을 좋아하여 거처하는 곳 주변에 소나무만 심었다. 그것은 17세기 중반 조근趙根이 덕산을 유람하고 지은 글에 "길쭉한 소나무 수백 그루가 시내를 따라 늘어서 있는데, 모두 남명이 손수 심은 것이라고 한다."[67]라고 한 데에서 확인할 수 있다. 조식이 주거 공간 주변에 화초를 심지 않은 것은 화려하고 아름다운 것에 눈길을 주게 되면 마음을 빼앗길 수 있기 때문이니, 완물상지玩物喪志에 대한 경계를 굳건히 한 것이다.

이는 정이程頤의 정신을 계승하여 실천한 것이다. 정이는 경연관으로 조정에 있을 적에 장무칙張茂則이 강관을 초대하여 차를 마시며 그림을 감상하자고 청하였는데, 정이는 "나는 평소 차를 마시지 않고, 그림도 알지 못합니다."라고 하고서 끝내 가지 않았다.[68] 이는 그림을 감상하고 차를 마시면 지향을 잃어버린다고 생각했기 때문이다. 남명은 이런 정신을 계승하여 시 짓는 일을 완물상지로 여겨

'시는 정신을 황폐하게 한다(詩荒戒)'고 경계하였다. 그리고 화초를 가꾸는 일도 삼갔던 것이다.

지금 산천재 앞에 있는 매화나무는 남명이 산천재에 기거할 때 심은 것이 아닌 듯하다. 그 이유로 두 가지를 들 수 있다. 하나는 남명은 만년에 오로지 소나무만을 좋아하였기 때문이며, 다른 하나는 산천재는 임진왜란 때 소실되었는데 매화나무만 화재를 당하지 않았다고 보기도 어렵기 때문이다. 설령 화재를 당하지 않았다고 하더라도 산천재는 2백여 년 동안 폐허가 되었는데, 매화나무만 홀로 살아있었다고 보기 어렵다.

매화나무는 수명이 2백 년을 넘지 않는다고 한다. 토질이나 환경이 좋아도 수령이 2백 년 이상 된 매화나무는 극히 드물다고 한다. 산청 단속사의 정당매政堂梅는 고려 말 강회백姜淮伯이 심었는데 증손 강용휴姜用休가 곁가지를 옮겨 심었다고 하니[69], 매화나무는 수령이 1백 년 정도인 것을 알 수 있다.

지금 산천재 앞 매화나무는 1818년 산천재를 복원하면서 심은 것으로 추정된다. 남명이 지은 시 중에서 「매화나무 밑에 모란을 심고」라는 시가 있고, 또 「우음偶吟」이라는 제목의 시에서 "작은 매화나무 밑에서 붉은 점을 찍다가, 큰 소리로 『서경』「요전堯典」을 읽네.(朱點小梅下 高聲讀帝堯)"[70]라는 구절이 있기 때문에 산천재를 중건하면서 남명이 매화를 좋아하였다고 여겨 심은 듯하다. 지금 매화나무 밑에 「우음」을 번역한 시비를 세우고 '남명이 손수 심은 것이라 전한다'고 하였으나, 입증할 자료는 없다.

「우음」도 남명이 산천재에 거주할 때 지은 것이라 단정할 수 없다. 남명은 산천재에 기거할 때 「사성현도」를 그려 옆에 두고서 스승을 모시듯 엄숙한 자세를 취하였으며, 「신명사도」와 '경의敬義' 두 글자를 써서 벽에 걸어놓고 수시로 주시하였으며, 경의검과 성성자를 지니고 다니며 한순간도 방심하지 않으려 하였다. 이러한 정신 지향을 하던 시기에 남명은 매화를 완상하며 한가로운 시간을 보내지 아니하였을 것이다.

04

후손가에 전해진 경의검

『선조수정실록』에 "조식은 쇠방울을 차고 다니며 몽롱한 정신을 환기하고, 칼을 턱에 괴고서 혼미한 정신을 경각시켰다. 말년에 쇠방울은 김우옹에 주고, 패검(경의검)은 정인홍에게 주면서 '이로써 나의 심법心法을 전한다'라고 하였다."[71]라고 하였다. 이 기사에 의하면, 남명 정신을 상징적으로 보여주는 패검과 성성자惺惺子를 총애하는 두 제자에게 주어 법을 전한 것을 알 수 있다. 그래서 정인홍과 김우옹은 전법 제자로 알려졌다.

남명이 애지중지하던 이 도구를 제자에게 물려준 시기는 언제일까? 패검에 대해서는 전하는 기록이 없으나, 성성자에 대해서는 김우옹의 기록에 남아 있어 알 수 있다.

계해년(1563) 내가 처음 선생의 문하에 나아가 배알하였을 때, 선생이 차고 있는 주머니 속에서 쇠방울을 꺼내 주면서 "이 물건이 성성자일세. 맑은 소리가 사람의 마음을 경각시키고 성찰하게 하니 차고 다니면 경각시키는 데 매우 좋을 것일세. 내가 중한 보물을 자네에게 주니, 자네는 이 물건을 잘 보관하게. 이 물건이 자네의 허리띠에 있으면 모든 동작을 할 때 경계하고 질책할 것이니 매우 경외할 만할 것일세. 자네는 경계하고 두려워하여 이 방울에 죄를 짓지 말게나." 라고 하셨다. 내가 묻기를 "이는 고인이 옥을 차고 다닌 의미가 아닙니까?"라고 하자, 선생이 "그렇네. 그러나 이 의미가 매우 절실하니 옥을 차고 다니는 의미보다 훨씬 낫네."라고 하셨다.[72]

이를 보면, 남명이 김우옹에게 성성자를 물려준 시기는 1563년 산천재에 기거할 때임을 알 수 있다. 따라서 정인홍에게도 비슷한 시기에 패검을 주지 않았을까 추정할 수 있다.

남명이 가지고 있던 칼은 '패검'으로 불렸는데, 남명 사후에도 '패검' 또는 '패보도佩寶刀'로 일컬어졌다. 즉 당시에는 경의검敬義劍이라 불리지 않은 것이다.[73]

이 패검은 일제강점기 안정려安鼎呂와 권도용權道溶의 기록에 이르러서야 비로소 '경의검'이라 명명한 것을 찾아볼 수 있으니, 그전에는 남명의 패검, 혹은 패도라고 불린 것을 알 수 있다.

경의검(남명기념관 소장)

계해정변 이후 남명학파는 침체의 길로 들어섰다. 그런데 역모 사건이 발생하여 집권 서인계의 감시가 심해졌기 때문에 숨을 죽이고 조신하지 않을 수 없었다. 그런 정치사회적 분위기 속에서 학문도 침체하여 하홍도河弘度 이후로는 큰 학자가 나오지 않았다. 그리하여 남인의 당색을 갖고 퇴계학맥에 나아가 배우거나, 서인의 당색을 갖고 기호학맥에 나아가 배우는 사람이 늘어났다.

이런 분위기 속에서 강상죄로 처형된 정인홍은 용서할 수 없는 죄인이었고, 그의 스승 남명조차도 학문이 순수하지 못해 노장사상과 불교사상이 침투해 있다고 비판하였다.[74] 특히 17세기 서인과 남인이 당쟁하면서 송시열을 영수로 하는 서인계 인사들은 숭정학崇正學·벽이단闢異端의 기치를 내걸고 정통 주자학과 다른 학문을 이단시하여 사문난적으로 지목하고 배척하였다.

이런 엄중한 시기에 남인계의 인사들이 많았던 진주권의 사인들은 언행을 극도로 조심하고 시문을 짓는 것도 함부로 하지 않았다. 그때 산천재와 덕천서원을 방문하고 기록을 남긴 사람이 조근趙根이다. 조근은 조려趙旅의 후손으로 1631년 한양에서 출생하였으며, 송시열에게 수학한 서인계 인물이다. 그는 1666년 문과에 급제하여 홍문관 교리, 사헌부 지평 등을 지냈으며, 1679년 예송禮訟에 연루되어 함경도 경흥으로 유배되기도 하였다.

조근은 문과에 급제하기 전 덕산을 유람하고 「유덕천기遊德川記」를 남겼는데, 여러 가지 귀중한 정보를 알려주고 있다. 예컨대 '남명이 손수 심은 장송長松 수백 그루가 시내를 따라 쭉 늘어서 있다'고 한 것이나, '덕천서원 앞의 시천矢川에 남북으로 3~4장 높이의 석축을 쌓았다'고 한 것이나, '시천 남쪽에 복숭아나무 수백 그루가 심겨 있고, 그 뒤에 소나무가 1백여 그루 늘어서 있다'고 한 것이나, "세심정 현판에 조희일趙希逸의 '수지방장록 갱유무릉원誰知方丈麓 更有武陵源'[75]이라는 시구가 걸려 있다."고 한 것 등은, 당시 덕산의 풍경을 상상하는 데 중요한 정보를 제공해 준다.[76]

이 「유덕산기」에 경의검에 관한 다음과 같은 기록이 있다.

패도 네 자루가 후손가에 보관되어 내려온 것이 아직 있다. 그 제도가 꽤 커서 거의 길이가 7촌이나 된다. 네 자루 모두 '내명자경 외단자의內明者敬 外斷者義' 여덟 자가 새겨져 있다. 남명이 별세한 뒤 한 번도 숫돌에 갈지 않았는데, 광채가 형형하여 숫돌에 갓 갈아낸 것 같다.[77]

조근이 문과에 급제하기 전에 덕산을 유람하였으니, 1666년 이전에 남명의 후손이 가지고 있던 패검이 네 자루였다는 사실과 남명의 후손이 덕산에 살고 있었다는 사실을 알 수 있다. 이 정보는 매우 의미가 있다. 왜냐하면 정인홍에게 준 것 외에도 남명의 패검이 여러 자루 있었다는 사실을 알 수 있기 때문이다.

이후 한동안 경의검에 대한 언급은 보이지 않는다. 그러다 18세기 전반에 활동한 김진상金鎭商의 문집에 경의검에 관한 기록이 보인다. 김진상의 호는 퇴어당退漁堂, 본관은 광산光山이다. 1712년 문과에 급제하여 대사성·대사헌 등을 역임한 노론계 인사이다. 그는 1721년 이후로는 벼슬을 사양하고 향리인 여주驪州에 물러나 살

경의검의 '내명자경 외단자의'(윤효석 作)

며 산수 유람을 즐겼다. 그의 유고를 살펴보면 하동의 칠불사, 산청
의 환아정, 함양의 학사루 등을 노래한 시와 함께 남명의 패검을 노
래한 시가 실려 있으니, 향리로 물러나 있으면서 산수 유람을 할 때
덕산에 들러 패검을 본 듯하다.

그가 패검을 노래한 시의 제목은 「남명의 쌍도雙刀가 아직 그의
후손가에 있어 꺼내어 내게 보여주었는데, 그 자루의 한쪽 면에는
'내명자경內明者敬' 네 글자가 새겨 있고, 다른 한쪽 면에는 '외단자
의外斷者義' 네 글자가 새겨져 있었다. 모두 남명 선생의 친필이다」이
며, 그 시의 내용은 다음과 같다.

두 자루 칼 상자서 꺼내니 두 줄기 섬광 번뜩이고,　　雙刀出匣雙虹閃

선생의 수택 아직 남았고 친필의 명銘도 있네.　　手澤猶存手筆銘

생각건대 이 칼을 뇌룡정에 걸어두었을 적에는,　　　想像雷龍亭上掛

밝은 대낮에도 창가에서 바람과 우레가 일었겠지.[78]　軒窓白日起風霆

　이 시의 제목을 통해 알 수 있듯이, 김진상은 남명의 후손가에서 두 자루의 패검을 보았다. 1666년 이전에 조근이 보았을 때는 네 자루였는데, 18세기 중반 김진상은 두 자루밖에 보지 못한 것이다. 그가 왜 두 자루밖에 보지 못했는지는 알 수 없다.

　이후에 경의검을 보았다는 기록은 나타나지 않다가 1900년 초에 이르러 비로소 경의검을 보았다는 기록이 다시 나타난다. 그러니까 약 1백 년 동안 경의검을 본 사람이 없다. 이에 대해 장화식蔣華植의 「강우일기江右日記」에서 그 단서를 추정해 볼 수 있다. 장화식은 1925년 1월 27일 덕산 남명의 후손가에서 경의검을 보았는데, 봉사손 조동환曺東煥으로부터 "중세의 우리 후손들은 충청도 어느 고을에서 대를 이어가고 있었는데, 불행히도 화재를 당해 유물을 지켜내지 못하였고, 타지 않은 것이 이 보검뿐입니다."라는 말을 들었다.[79]

　2023년에 만든 『창녕조씨생원공파보昌寧曺氏生員公派譜』(이하 '『파보』'로 칭함)에 의하면, 조식의 장손 '조진명曺晉明이 덕산에서 선산善山으로 이주하였다'고 하였으며, 묘소가 선산 웅곡熊谷(현 구미시 장천면) 남실藍室 앞산 자좌子坐에 있다고 되어 있다.[80] 조진명이 언제 선산으로 이주하였는지는 알 수 없다. 조진명의 생몰연대도 『파보』 등에서 찾을 수 없는데, 박인朴絪의 「문도록門徒錄」에 조진명이 들어 있는 것으로 보아, 1583년생인 박인보다 조진명은 10년 이상 뒤에 출생한 것으로 보인다. 조진명은 음직蔭職으로 송라도찰방松羅道察訪을 지냈는데, 송라도 찰방은 경상도 청하淸河(현 포항시 청하면)에서 영덕과 경주로 이어지는 역로를 관할하던 관리이다.

조진명의 후손은 선산에 살다가 조진명의 4세손 조대림曹大霖이 선산에서 다시 덕산으로 이사를 온 듯하다. 그것은 『파보』에 의하면 그의 고조부 조진명으로부터 부친 조희삼曹希參에 이르기까지 묘소가 모두 선산에 있으며, 그의 묘소부터 후손의 묘소는 모두 덕산

선산부 웅곡면 고지도
우측 하단 표시 '북웅곡면(北熊谷面)'

사륜동 수양산 자락에 있다고 기록한 것을 통해 짐작할 수 있다.[81]

장화식의 「강우일기」에서는 '남명의 봉사손이 덕산을 떠나 충청도 어느 고을로 이주해 살았다'고 하였는데,『파보』에서 경상도 선산으로 옮겨 살았던 것을 확인할 수 있으니, 아마도 장화식이 잘못 기록한 듯하다. 남명의 패검은 봉사손이 보관하고 있었을 것인데, 봉사손이 타지로 이주하여 진주권 사인들은 볼 수 없었다. 조근이 패검을 본 것은 조진명이 선산으로 이주하기 전일 것이니, 그 시기는 대략 1660년 전후인 것으로 추정된다. 그렇다면 조진명이 선산으로 이주한 시기도 이 시기쯤으로 추정된다.

김진상은 조대림이 다시 덕산으로 이사를 온 뒤에 경의검을 본 듯하다. 『파보』에 의하면, 조대림은 1703년(숙종 계미)에 태어나 1756년(영조 병자)에 별세하였으니, 1750년을 전후한 시기에 덕산으로 이사한 듯하다. 조대림 이후 다시 경의검을 보았다는 기록이 나타나지 않는 것은 아마도 후손이 보여주지 않았기 때문인 듯하다.

경의검은 조대림의 4대손 조덕순曹德淳과 5대손 조병진曹秉鎭에 이르러 널리 알려지기 시작하였다. 조성윤趙性胤은 함안 사람으로 선조 조려의 문집인 『어계집漁溪集』을 속간하는 일로 진주에 살고 있던 조성가趙性家 등을 자주 만났으며, 덕산으로 가서 남명의 유물 '사성현영첩四聖賢影帖'을 보고 「첨배사성현영첩瞻拜四聖賢影帖」이라는 시를 짓기도 하였다. 그러니 그가 별세한 1904년 이전에 경의검을 보고 「경의도敬義刀」라는 시를 지었던 것이 분명해 보인다.[82]

또 1907년에 별세한 송호문宋鎬文이 「남명선생고검가南冥先生古

劍歌」라는 시를 지었다. 그런데 이
교우李敎宇가 한유韓愉의 「남명선
생고검가」를 보고 차운한 시의 제
목에 "남명 선생에게 고검이 있었
는데 제월헌霽月軒에 보관되어 있
다. 남명의 후손 회남晦南(조병진)이
꺼내 한우산韓尤山(한유)에게 보여
주었는데, 그가 17운의 시를 지어
보내왔기에 문득 차운해서 사례하
다."라는 내용이 있는 것으로 보아,
송호문은 남명의 봉사손 조병진으
로부터 1907년 이전에 경의검을

조긍섭의 「남명선생패검가」 원문

보고 시를 지었던 것을 알 수 있다. 그리고 한유와 이교우도 조병진
이 별세하기 전인 1908년 이전에 경의검을 보고 시를 지은 것을 알
수 있다.

또 『남명집』의 교정 문제로 덕산에 자주 왕래한 조긍섭曹兢燮은
「남명선생패검가」를 지어 봉사손 조병진에게 증정했으니, 조긍섭
역시 조병진이 별세한 1908년 이전에 이 칼을 본 것을 알 수 있다.
진주에 살던 조호래趙鎬來는 조긍섭의 시에 차운시를 지었는데, 시
의 내용을 읽어보면 직접 칼을 보고 지었음을 알 수 있다. 또 진주
에 살던 하우식河祐植도 덕산에 가서 경의검을 보고 「남명선생고검
가」를 지었다. 이를 보면 이 시기에 이르러 진주권 사람들에게 경의

검이 널리 알려지기 시작한 것을 알 수 있다. 하우식은 한유와 절친하게 지냈으니, 한유가 보고 나서 오래지 않아 경의검을 보고 시를 지었을 것으로 추정된다.

그리고 1925년 1월 27일 청도에 살던 장화식이 봉사손 조동환의 집에서 경의검 세 자루를 보았다. 또 창원에 살던 안정려安鼎呂도 「남명선생고검가」를 남겼는데, 그가 곽종석郭鍾錫의 문하에 나아가 배운 것으로 보아 곽종석이 별세한 1919년 이전에 덕산에 가서 경의검을 보았거나, 아니면 조긍섭 등 동문들로부터 경의검에 대해 전해 듣고서 「남명선생고검가」를 지었을 것으로 추정된다.

또 함양에 살던 권도용權道溶은 1939년 10월 25일 덕천서원에 배알한 뒤 후손 조표曹杓로부터 사당 안에 들어가서 경의검 세 자루를 보고 「경의검명병서敬義劍銘并序」를 지었다. 이를 통해 보면 남명의 종손가에 경의검을 보관하고 있다가 1927년 덕천서원이 중건된 뒤에는 서원의 사당으로 옮겨 보관하고 있었음을 알 수 있다. 그런데 권도용의 「경의검명병서」에는 경의검에 관한 중요한 정보가 담겨 있다.

10월 25일 거듭 덕천서원을 배알하였다. 후손 조표曹杓 씨가 나를 사당 안으로 데리고 들어가 소장하고 있던 경의검 세 자루를 꺼내 보여주었다. 세 자루는 대소에 조금 차이가 있었다. 상아의 뼈로 칼자루를 만들었고, 칼자루에 용의 형상을 조각한 것이 두 자루였다. 모두 가죽 칼집 속에 들어 있었는데, 칼집에 좀이 쏠아 헤진 곳이 있었다. 칼날에 붉은 녹이 있었지만 광채가 은은하게 비추었다. 선생의 수택手澤이 3백 년 뒤에도 완연하여 나도 모르게 숙연히 경계하는 마음이 들었다. 이에 이 검명劍銘을 짓는다.[83]

앞에서도 경의검 세 자루를 보았다는 기록이 등장했는데, 이 기록에 의하면 1939년, 권도용도 세 자루를 보았다. 그러니까 이전에 본 사람들이 두 자루를 보았다고 한 것은 후손이 두 자루만 꺼내 보여주었기 때문인 듯하다. 남명 후손가에는 본래 네 자루의 경의검이 있었는데, 언제부턴가 세 자루만 남게 되었고, 이 세 자루가 1939년까지 전승되어 내려온 것이다. 그런데 위의 인용문을 통해 알 수 있듯이, 세 자루의 패검 중 두 자루에만 용의 무늬를 새겨 넣었고, 나머지 한 자루에는 용의 무늬가 없었다. 그래서 두 자루를 보았다는 설이 나온 듯하다. 또 검은 가죽으로 만든 칼집 속에 들어있었는데, 칼집이 낡아 좀이 쏠았다는 사실, 그리고 칼날에 녹이 있었다는 사실도 새롭게 알 수 있다.

1932년에 간행된 『진양속지』에는 다음과 같이 기록이 있다.

문정공 조 남명 선생에게 칼 두 자루가 있었는데, 길이는 한 자쯤 되었다. 물소의 뿔과 상아로 칼자루를 만들고, 두 마리 교룡을 칼자루에 새겨 그 머리를 서로 마주 보게 하였으며, 칼자루 양쪽에 해서체楷書體로 검명劍銘을 새겨놓았는데 '내명자경 외단자의內明者敬 外斷者義'라고 하였다. 가죽으로 칼집을 만들었다. 이 칼은 대개 남명 선

생이 평소 차고 다니던 것인데, 그 광채가 마치 갓 숫돌에서 간 듯이 번쩍거린다고 한다.[84]

이를 보면 당시 덕산의 봉사손은 경의검 세 자루를 보관하고 있었는데, 『진양속지』를 쓴 사람은 그중에 두 자루밖에 보지 못한 듯하다. 다만 『진양속지』에는 칼의 모양과 손잡이 및 칼집 등에 대해 소상하게 기록해 놓고 있어 중요한 사실을 알려준다.

『진양속지』 원문

이러한 경의검의 전승 내력을 통해 보면, 남명이 생전에 정인홍에게 준 경의검 외에도 남명은 네 자루의 경의검을 더 가지고 있었음을 알 수 있다. 그것을 봉사손이 전하며 보관해 오다가 1900년대 초에 이르러 세상 사람들에게 널리 알려지게 되었고, 일제강점기를 거치면서 남명의 '패검' 또는 '패도'로 불리던 이 칼이 '경의검'으로 공식 명칭을 얻게 되었다.

이 경의검은 현재 그 모습을 찾아볼 수 없다. 1939년 권도용이 세 자루를 보았다고 하는데, 지금은 한 자루도 세상에 공개되지 않고 있다. 후손 중에 누군가가 보관하고 내놓지 않기 때문일 것이거나, 6·25 전란으로 잃어버렸을 가능성도 있다. 만약 누군가가 이 경의검을 가지고 있다면 세상에 공개하여 남명의 정신이 빛을 발하게 해야 할 것이다.

05

산천재에서 느끼는 후인의 감회

산천재에서 강론하던 모습을 그리며

남명이 살던 시대 학자들은 지식에 목말라하였다. 그것은 사화로 인해 존재 방식을 새롭게 찾지 않으면 안 되었고, 세상에서 추구하는 가치도 변했기 때문이다. 조선 시대 학자들은 가정이나 향촌에서 기초 지식을 학습한 뒤, 큰 학자의 문하에 나아가 학문을 질정하였다. 요즘처럼 교재를 정해 강론하거나 세미나식으로 토론하는 것이 아니었다. 즉 어떤 학설이나 명제에 대해 학생과 스승이 일대일로 마주앉아 질의하고 답변하며 그 문제를 집중적으로 토론하는 것이었다.

조선 후기 경상우도 지역은 남명학파가 와해되어 구심점을 찾지 못하고 있었으며, 학문적으로도 침체되어 큰 학자가 배출되지 못하였다. 이런 시대적 분위기 속에서 하진현河晉賢은 산천재에 찾아와 남명이 살아계실 때 학문을 강론하던 모습을 머릿속에 그려보며 다음과 같이 노래했다.

산천재에서 도덕을 강론한 일 옛날 어느 때던가,	山天講德昔何時
선생의 조용한 모습 지금도 완연히 살아계신듯.	函丈從容宛在玆
수우당, 각재, 동강, 한강이 좌우에서 모셨을 테고,	愚覺東寒陪左右
명선과 성신, 경과 의를 상세히 밝혀 논하였겠지.	明誠敬義澈毫絲
빛나는 문장 변치 않아 상자 속의 책에 남아 있고,	星文不變遺箱鋏
묵으로 그린 초상화 남았느니 옛 성현의 모습일세.	墨彩遺存古聖儀
백세토록 전해지는 고풍을 문득 우러르는 이곳에서,	百世高風瞻忽地
소생이 늦게 태어나 슬픈 것 어찌 감당하리오.[85]	邪堪小子晚生悲

이 시의 '수우당守愚堂'은 최영경崔永慶의 호이고, '각재覺齋'는 하항河沆의 호이고, '동강東岡'은 김우옹金宇顒의 호이고, '한강寒岡'은 정구鄭逑의 호이다. '명선明善'과 '성신誠身'은 『중용』에 보이는 말로, 진리를 탐구하여 선을 밝히는 공부와 그것을 바탕으로 자신을 진실하게 하는 실천을 가리킨다. 또 '초상화'는 남명이 그린 네 성현의 초상을 그린 「사성현도」를 가리킨다.

우리는 남명학을 '경의학'이라고만 말하는데, 그것은 꽃만 보고 줄기와 뿌리는 보지 못하고

산천재에서 강학하는 모습
(경상국립대 남명학관 전시실)

하는 말이다. 즉 경의는 남명학의 꽃이지, 남명학의 본질은 아닌 것이다. 남명학의 본질은 인도人道를 닦아 천도天道에 배합하는 천인합일을 추구하는 데 있다. 그 공부의 핵심이 바로 극기복례이고, 그 공부의 토대는 『중용』이다. 『중용』에서 언급한 두 축의 공부는 명선과 성신이다. 그러므로 의리를 강론하여 선을 밝히는 명선과 그것을 내 몸으로 실천하여 진실무망의 성誠에 이르는 성신이 남명학의 본체이다.

산천재에서 남명의 시에 차운하다

조선 후기 문상해文尙海는 산천재에 이르러 남명의 「제덕산계정주題德山溪亭柱」에 차운하여 다음과 같이 노래했다.

천석들이 종은 실로 얻기 어려우니,	千石鍾難得
안에 온 세상에 울릴 소리 간직했겠지.	中藏四海聲
당시에는 이 종을 두드리지 못했지만,	當時雖不扣
그 여운은 지금까지도 울리고 있다네.[86]	餘韻至今鳴

남명이 노래한 '천석종千石鍾'은 조선 팔도 전역에 울릴 큰 덕을 말한다. 남명은 그 덕을 세상에 울리지 못하고 떠났다. 그러나 몇백 년이 지나도 후학들은 천왕봉을 우러르며 그 소리를 듣는 듯하였다. 그래서 문상해는 그 여운이 지금까지 울린다고 노래한 것이다.

또 한말 진주에 살던 김종우金宗宇는 남명의 시에 차운하여 다음과 같이 노래했다.

초목이 시들어 산색은 쇠잔하고 그윽하나,	草沒幽幽色
시냇물은 살아 있어 활발하게 흐르는 소리.	川生潑潑聲
천석종이 이 세상에 없는 것이 아니리니,	非無千石鍾
누가 능히 크게 울리도록 그 종을 칠거나.[87]	誰能鼓大鳴

천석종은 남명이 추구한 도를 상징한다. 작자는 초목이 시든 계절에 산천재에서 쇠잔한 당대의 도덕을 떠올리다가 문득 덕천강에서 활발하게 흘러가는 시냇물 소리를 듣고서, 천석종은 의연한 천왕봉처럼 이 세상에 있는데, 그것을 구해 세상에 울릴 사람이 없음을 슬퍼하고 있다. 도를 구해 덕을 펴는 남명과 같은 도덕군자를 그리워한 것이다.

「제덕산계정주」 전각(윤효석 作)

한말 단성에 살며 정재규에게 수학한 권기덕權基德도 산천재에 찾아와 남명의 시에 차운하여 다음과 같이 노래했다.

덕을 크게 쌓는 것이 모든 유자의 할 일,	大畜群儒地
산이 높아서 시냇물 소리도 우렁차구나.	山高水有聲
소생이 와서 선생의 옛 자취를 회상하는데,	小生懷古跡
송뢰 소리가 산천재 뜰에까지 울려 퍼지네.[88]	松籟入庭鳴

권기덕은 산천재의 이름이 『주역』「대축괘」에서 연유한 사실을 떠올리며 남명이 이곳에서 덕을 닦아 천도에 합하려 한 점을 회상한 듯하다. 그리고 천왕봉을 바라보며 시냇물 소리를 듣다가 그 산수 속에 깃든 천리를 느끼며, 남명이 추구한 도를 생각한 듯하다.

남명과 퇴계는 모두 정학正學이다

19세기 경북 성주에 살던 이진상李震相은 퇴계학맥을 이었으나, 퇴계의 학설과 다른 심즉리설心卽理說을 주장하였다. 그의 설은 경상우도 지역에 새로운 바람을 불러일으켜 그의 문하에서 허유許愈·곽종석郭鍾錫 등 쟁쟁한 학자들이 배출되었다. 이진상은 1877년 남쪽으로 내려와 남사마을에서 향음주례를 행하고, 남명의 유적지를 둘러본 뒤 지리산을 유람하였다. 다음의 시는 당시 그가 산천재에서 노래한 것이다.

남명 퇴도 선생의 정학 우리나라에 함께 일어나,	冥陶正學并吾東
사단칠정의 참된 지결 약속하지 않고서도 같았네.	四七眞詮不約同
방장산 천왕봉 높이 솟아 상서로운 기운 머물고,	方丈峯高留瑞靄
탁영대 예스러운 대에서 맑은 풍도를 맛보았네.	濯纓臺古把淸風
음산한 기운 빛나고 밝은 광명실에 이르지 않고,	氛霾不到光明處
하늘에 닿은 높은 경지 원래 평탄함을 말미암네.	峻極元從坦易中
창주정사에 걸렸던 초상이 산천재에도 걸렸으니,	滄洲列像山天揭
연원이 본래 하나로 통하는 것을 비로소 믿겠네.[89]	始信淵源本貫通

남명의 문인 김우옹이 별세하자, 동향의 벗 정구가 만사挽辭를 지으면서 "퇴도退陶의 정맥正脈을 종신토록 존모하였고, 산해山海의 고풍高風을 특별히 흠모했네.(退陶正脈終天慕 山海高風特地欽)"[90]라고 하였는데, 후대 이 문구에 의거해 '퇴계는 정맥, 남명은 고풍'으로 평가하는 인식이 생겨났다.

정구는 두 선생에게 모두 배운 인물이니 두 선생의 학문적 특징을 그렇게 말한 것이지, 퇴계만 정맥이고 남명은 정맥이 아닌 고풍이라고 말한 것은 아닐 것이다. 정구는 두 선생 문하에서 공부했지만, 그의 학문 성향을 들여다보면 퇴계보다는 남명의 영향을 더 많이 받은 인물로 보인다. 그러니 남명을 공자와 주자의 정맥이 아닌 고풍이라고 하였을 리는 만무하다. 그런데 특히 퇴계학파 학자들은 퇴계와 남명의 학술을 논할 적에 정구의 이 말을 근거로 삼아 '퇴계는 정맥, 남명은 고풍'이라고 평하는 경우가 많았다. 이는 퇴계의 영

남명 선생을 만나려거든(윤효석 作)

향으로 남명의 학문을 순정하지 않다고 보는 시각이다.

이에 대해 남명학파에서는 그렇지 않다고 변론하였지만, 조선 후기 남명학파가 침체하여 그런 논의를 잠재울 만한 영향력 있는 학자가 나오질 못했다. 그럴 때 이진상이 이 시에서 언급한 것처럼 '퇴계와 남명은 모두 정맥'이라 함으로써 새로운 인식의 전환을 마련한 것이다. 이진상은 남명을 정맥이라고 하는 데에서 한 걸음 더 나아가 '사단칠정에 대해서도 남명과 퇴계의 생각이 다르지 않았다'고 함으로써 성리설에 대해서도 주자학을 계승하였다고 하였다.

그는 이런 시각에 의해 '주자의 창주정사에 걸렸던 초상이 산천재에도 걸렸다'고 하면서, 남명학의 연원이 주자를 거쳐 이정二程(정호·정이)·주돈이에 이르고, 다시 공자에게 닿아 있는 것으로 평하였다. 이러한 평은 남명학을 '정주학의 정맥'으로 인정한 것이다.

이에 대해 후대 하봉수河鳳壽는 "아, 영남의 학자들은 퇴계 선생이 있는 것만 알고 있는데, 오직 이 한주옹寒洲翁만은 남명을 깊이 알고 있으니 탄식할 만하다. 그의 소견은 공정하며 암암리 남명의 통서統緖에 접하였다."[9]라고 하여, 찬사를 아끼지 않았을 뿐만 아니라, 이진상이 남명학을 계승한 것으로 보았다.

남명학에 대해 이진상이 이처럼 논평한 뒤로, 이 지역 남인계 학자들은 남명학과 퇴계학을 모두 정주학의 정맥으로 인식하였으며, 남명의 도학에 대해 의심하지 않았다. 이런 점에서 이진상의 남명학에 대한 논평은 큰 의미가 있다.

남명의 학문은 길이 곧장 통했다

한말 위정척사를 강하게 주장한 기호 화서학파 최익현崔益鉉은 산천재에 이르러 다음과 같이 노래했다.

하늘이 소미성 알선하여 우리나라 비추었으니,	天幹少微映海東
남명 선생의 그 기상 누구와 더불어 같으리.	先生氣像與誰同
덕천의 물 맑고 맑아 천추의 명월이 비추고,	德川水白千秋月
방장산 높고 높아 백세에 전할 풍도 지녔네.	方丈山高百世風
경의의 참된 지결 위에서 넉넉히 노니시면서,	優遊敬義眞詮上
신명사 한 집 안에서 깊이 마음을 함양하셨네.	涵養神明一舍中

| 후생이 찾아와 선생이 은거하시던 곳 지나니, | 晩生來過藏修地 |
| 유교의 길이 곧장 통했음을 비로소 믿겠네.[92] | 始信儒門路直通 |

최익현은 남명의 학문을 '경의敬義'로 보면서, 남명의 공부를 「신명사도」에서 찾았다. 곧 심성 수양을 통해 내면을 진실하게 하고, 그것을 바탕으로 외적인 일에 대응하는 정신으로 본 것이다. 그리하여 남명이 만년에 은거하던 산천재를 둘러본 뒤, 남명학에 대해 '유교의 도로 나아가는 곧장 통한 길'이라고 평하였다.

유교의 도는 진실무망의 성誠을 추구하는 것이다. 남명학은 『중용』의 성誠을 중핵으로 하고 있으니, 최익현은 바로 그런 점을 두고 '도로 나아가는 길이 곧장 통했다'고 한 것이다. 이러한 최익현의 논평 역시 남명을 도학자로 평가한 것인지라 그 의미가 크다.

산천재에서 네 성현의 초상에 배알하고

남명은 네 성현의 초상을 그려 곁에 펼쳐놓고 매일 자신을 엄숙히 하였다. 그리하여 후학들은 산천재에 이르러 남명이 그린 네 성현의 초상에 배알하는 풍속이 생겼다. 남명이 스승으로 모시고 받들었던 네 성현의 초상에 배알하는 일은 후학에게 신선한 느낌을 불러일으키기에 충분했을 것이다.

19세기 후반 이 지역의 학자 최숙민崔琡民은 네 성현의 초상에 배알하고 다음과 같이 노래했다.

성인은 세상을 잊지 아니하시니,	聖人不忘世
천지가 큰 덕을 가진 분 낳았네.	天地大德生
쇠한 형세 다하면 봄기운이 발하고,	勢盡春氣發
닭이 울면 아침이 다시 밝아 오리.	鷄鳴朝復明

어찌하여 일천 년이 지났는데도,	如何一千年
성인은 다시 태어나지 않으시는가.	聖人不復作
하늘은 어찌 사랑하고 미워함이 있어서,	天豈有愛憎
이 백성들 옛날처럼 살 수 없단 말인가.[93]	斯民無今昔

최숙민이 읊은 시는 오언절구 2수이다. 앞의 시는 천지가 큰 덕을 지닌 남명을 이 세상에 태어나게 하여 암흑의 어둠이 걷히고 문명의 세상이 밝아진 것을 노래한 것이고, 뒤의 시는 자기 시대에 남명 같은 큰 덕을 지닌 학자가 태어나지 않아 세상의 문명이 시들고 있음을 탄식한 것이다. 이 2수의 시에는, 남명이 살던 시대를 돌아보며 자기가 처한 시대를 걱정하는 생각이 간절하게 드러나 있다.

19세기 말의 권기덕權基德은 산천재에 봉안된 네 성현의 초상에 배알하고서 다음과 같이 소회를 드러냈다.

노나라 송나라 때 사신 네 분의 스승,	魯宋四夫子
평생토록 자나 깨나 부지런히 본받았네.	平生寤寐勤
오늘 네 분의 초상을 우러르며 공경하니,	今瞻遺像儼

오히려 혼몽한 마음을 불러일으킬 수 있네.[94]　　　　猶可起蒙昏

　권기덕은 남명이 네 성현을 본받고자 한 정신을 떠올리며 자신의 흐리멍덩한 마음을 다시 경책하고 있다. 남명이 사성현도를 그려 놓은 것은, 이 네 성현을 모시는 간절하고 엄숙한 마음으로 자신을 늘 깨어있게 하기 위해서였다. 큰 선생이 옆에 계신다고 생각해 보자. 그 누군들 몸과 마음을 함부로 하겠는가. 늘 조심조심하여 기침 소리도 제대로 내지 못할 것이다. 그런 것이 몸에 배어야 함부로 생각하고 함부로 행동하지 않을 수 있다. 산천재에 다시 네 성현의 초상을 봉안하여 이곳을 찾는 이들이 절로 고개를 숙였으면 좋겠다. 성현은 우리가 본받고 따라야 할 선각자이니, 그분들의 정신을 따르면 더욱 높은 문명을 이룩할 수 있을 것이다.

산천재에서 석채례를 행하고

　1818년 산천재를 중건한 뒤, 유림은 산천재에서 석채례를 행하였다. 석채례는 사당이 없는 서당이나 정사 등에서 선현에게 제사 지내는 예를 말한다. 20세기 전반에 활동한 정규석鄭珪錫은 산천재 석채례에 참석한 뒤의 감회를 다음과 같이 노래했다.

선생의 도학은 참된 근원을 거슬러 올랐으니,　　先生道學溯眞源
네 분 성현의 초상이 한 방 안에 모셔져 있네.　　四聖賢師一室尊

| 우리 유가의 일월이라 한 경의가 걸려 있어, | 敬義吾家日月在 |
| 만세토록 비추리니 어찌 능히 그것을 잊으리.[95] | 照來萬世詎能諼 |

정규석은 남명의 도학이 참된 근원에 거슬러 올라 도달하였다고 하였다. '참된 근원'은 공자를 가리키니, 남명의 도학은 공자로부터 발원한 것이라는 말이다. 그리고 그 도가 주돈이와 정호와 주희를 거쳐 남명에게 이른 것으로 보았다. 또 남명학의 핵심을 '경의'로 보면서 그것은 일월처럼 만세토록 세상을 비출 것이라고 하였다.

이 일화를 통해 볼 때, 선현에게 제사를 지내는 것은 단순한 의식 행위가 아니다. 즉 선현의 도덕을 환기하여 자기 시대를 재조명하는 일이다. 만약 석채례를 지내지 않는다면 이런 감회를 느낄 사람도 없을 것이니, 그 의미를 과소평가해서는 안 될 것이다.

산천재에서 강회를 베풀고

산천재를 복원한 뒤 산천재는 남명학을 다시 세상에 알리는 산실이 되었다. 특히 1870년 덕천서원이 훼철되고 난 뒤에는 산천재가 그 구심점이 되었다. 다음의 시는 한말 권재규權在奎가 지은 것이다. 이 시를 언제 지었는지는 알 수 없지만, 이 시를 보면 산천재에서도 강회가 베풀어진 것을 알 수 있다.

| 산천재 무너지고 얼마나 많은 세월 흘렀나, | 宮墻埋沒幾多時 |

선생의 유풍은 아직도 변치 않고 그대론데.	夫子遺風尙不移
경의는 우리 유가의 일월과 같다는 말씀,	敬義吾家昭日月
이곳 옛 산천재 자리에 보존되어 있구나.	依歸此地舊堂基
유생들 극진히 할 수 있어 동남 지역 아름다웠고,	靑襟得盡東南美
책을 능히 펼 수 있어 선후로 도를 알게 되었네.	黃卷能開先後知
서원의 글 읽는 소리가 아직도 끊어지지 않으니,	鹿洞絃歌猶不絶
다시 규성奎星의 운수 돌려 일천 년을 기약하세.[96]	更回奎運一千期

남명은 산천재에 기거할 적에 '경敬·의義는 우리 유가의 일월이
다'라고 하였는데, 시의 작자는 이 말을 떠올리며 산천재의 상징성
이 바로 이 경의사상에 있다고 하면서, 이를 오래 계승하자고 다짐
하고 있다.

덕천서원이 훼철된 뒤로는 산천재의 의미가 더욱 중시되었다.
그곳은 곧 남명의 도학이 보존된 유일한 상징성을 갖기 때문이었
다. 한말 신병조愼炳朝는 산천재에서 유회儒會하고 읊은 시에 "입덕
문 열려 있어 덕천은 쏜살같이 흐르는데, 두류산 속에 정맥이 있다
고 세간에 전해오네. (중략) 큰일 있어서 사문이 홍기해 감발하는
곳, 선현을 존모하는 정성과 노력 베푸는 이 있네."[97]라고 하였다.
이를 보면, 산천재는 남명의 유택이 묻어 있는 곳이기 때문에 그 자
체만으로 유자들이 홍기해 감발할 수 있는 도학의 발원지로 인식
되었음을 알 수 있다.

산천재에서 매화를 보고

산천재 앞의 매화나무는 산천재를 복원하면서 심은 것으로 추정된다. 지금은 이 매화나무가 '산청삼매'의 하나로 유명한데, 예전에도 산천재를 찾는 유학자의 눈길을 끌었던 듯하다. 한말의 인물 하

산천재와 매화나무

응로河應魯는 이 매화나무를 두고 다음과 같이 읊었다.

온갖 꽃들 핀 곳 모두 아름다울 때를 만났는데,　　百花開處總佳辰
그중 속진을 띠지 않은 한매가 가장 사랑스러워.　　最愛寒梅不受塵
결백하고 고고한 모습으로 냇가에 머물던 은군자.　　皎皎荷衣川上子
조석으로 그 향기 맡으며 남은 봄 지키셨으리.[98]　　嗅香朝暮護餘春

작자는 이 매화를 '속세의 티끌이 묻지 않은 고결한 은군자의 자태'로 보아, 남명이 아침저녁으로 그 향기를 맡았을 것이라 상상하고 있다.

제2부

남명기념관, 가묘, 묘소

01
남명기념관 공간 건축물

선조의 사제문 비석

남명기념관 정문 앞 도로 건너편 길가에 있는 큰 비석은 남명이 별세하였을 때 선조宣祖가 내린 사제문賜祭文을 번역하여 세운 것으로, 편액에 '남명 선생 영전에 내린 선조 대왕의 제문'으로 되어 있다. 선조가 관리를 보내 제사를 지낸 이 사제문에는 남명에 대해 다음과 같이 언급한 내용이 있다.

선생은 일찍 큰 의리를 보고서, 널리 깊은 뜻을 탐구하셨네. 우뚝하고 우뚝한 공자와 안자, 그 경지에 도달하고자 기약하였지요. (중략) 아침저녁으로 고전을 읽으면서, 학문을 익혀 연마하기에 더욱 힘을 썼지요. 산이 높이 솟은 것처럼 학문이 우뚝하였고, 도도히 흐르는 강물처럼 학문이 깊었소. 맑은 기상은 서리처럼 깨끗하였고, 아름다운 덕은 향기로운 난초와 같았소. 정신은 얼음을 담은 병처럼 깨끗하였고, 가을밤 밝은 달처럼 밝았소. 또 큰 별처럼 밤하늘에 반짝였

선조 사제문 비석

고, 상서로운 구름처럼 보였소. 멀리 숨어서 산다고 어찌 세상을 잊었겠소. 외척들이 하는 정치를 깊이 근심하셨지요. 아! 그 마음은 임금을 요·순 같은 임금으로 만들고, 백성을 요·순 시대의 백성으로 만들고자 한 것이었지요.[99]

이 선조의 사제문을 보면, 당대 조정에서 남명에 대해 어떻게 인식하고 있었는지를 잘 알 수 있다. 남명을 공자와 안회처럼 되기를 바란 인물로 보고 있으며, 또한 임금을 요·순 같은 성군으로 만들고 백성을 요·순 시대의 백성처럼 만들고 싶어한 경세제민의 이상을 가진 어진 이로 보고 있다. 아마 조선 시대 학자로서 이런 평을 받을 사람은 거의 없을 것이다. 그러니 세상을 떠날 때 임금으로부터 이런 평을 받은 학자이자 경세가로서 우리는 남명을 다시 조명할 필요가 있다.

남명기념관 공간

남명기념관은 2001년 남명 탄신 5백 주년을 기념해 건립을 추진하여 2004년 7월 완공한 공간이다. 이곳은 원래 남명의 살림집인 뇌룡사雷龍舍가 있던 자리라고 전해진다. 즉 남명이 별세한 뒤 봉사손이 살던 집터일 것이니, 지금 남아 있는 가묘를 통해 주거 공간을 상상해 볼 수 있다.

남명기념관 건축물에는 교육관과 전시관이 갖추어져 있어 남명 정신과 선비문화 보급에 기여하고 있다. 매년 수많은 탐방객이 찾아오며, 문화유산 해설사가 항상 대기하면서 남명 사상을 친절하고 소상하게 알려주고 있다.

교육관에서는 산청군에서 2006년부터 경상국립대학교 남명학연구소에 위탁하여 매년 '선비대학'을 운영하고 있다. 전시관에는 복제한 남명의 유품이 전시되어 있으며, 영상물을 통해 남명 사상을 쉽게 접할 수 있다. 남명기념관 현판 글씨의 '南冥紀念館'은 전 고려대학교 철학과 고 김충열金忠烈 교수가 쓴 것이다.

남명기념관 경내에는 송시열이 지은 신도비문을 새긴 남명 선생 신도비와 이를 번역해 세운 비석이 있고, 그 옆에 남명 선생의 석상

남명기념관

이 있으며, 그 옆에 남명이 지은 「을묘사직소」와 「무진봉사」를 번역해 세운 비석이 나란히 있다.

성성문惺惺門

남명기념관 외삼문의 이름이 '성성문'이다. 이 이름은 남명이 자신의 마음을 흐리멍덩하게 하지 않고 또렷이 각성한 상태를 유지하기 위해 차고 다니던 쇠방울 '성성자惺惺子'에서 취한 것이다. 마음이 술에 취한 것처럼 혼몽한 상태로 있어서는 안 되고, 항상 깨어 있으면서 사물을 명료하게 인식하는 상태를 유지해야 한다는 뜻이다. 성惺 자는 마음심(忄) 옆에 별성(星) 자를 썼으니, 마음이 밤하늘의 별처럼 초롱초롱하게 밝아야 한다는 뜻이다.

남명기념관 안으로 들어가는 사람은 이 문의 이름을 보면서 혼몽한 마음을 물리치고 또렷이 깨어 있는 마음을 유지하려는 의지를 되새기면 좋을 것이다. 그러니 낯선 글자라고 외면하지 말고 무슨 뜻인지를 찾아보고 물어보아, 그 의미를 가슴에 새기면 유익할 것이다.

남명선생신도비南冥先生神道碑

성성문을 들어서면 경내 왼쪽에 비석과 석상이 보인다. 왼쪽 끝에 있는 오래된 비석이 남명선생신도비이다. 묘역에 세우는 비석은

남명선생신도비

크게 세 종류로 구별된다. 묘 앞이나 옆에 세우는 것을 '묘비墓碑'라고 하는데, 묘비에는 묘표墓表와 묘갈墓碣이 있다. 묘 안에 파묻는 것을 '묘지墓誌'라고 하는데, 돌에 새기거나 도자기에 새긴다.

묘 앞의 길가에 세우는 것을 '신도비神道碑'라고 한다. 신도비는 '신이 다니는 길가에 세운 비석'을 의미한다. 신도비는 조선 시대 2품 이상의 벼슬에 올라야 세울 수 있었다. 사후에 추증되어도 2품 이상에 추증되면 신도비를 세울 수 있었다. 그러므로 남명은 벼슬을 하지 않았지만, 후에 추증되었기 때문에 후손들이 신도비를 세운 것이다.

남명선생신도비는 본래 길가에 세워져 있었는데, 2001년 남명기념관을 건립하면서 기념관 안으로 옮겨 놓았다.

남명선생신도비에 얽힌 일화를 간략히 소개해 보기로 한다. 남명은 1609년 정1품 영의정에 추증되었다. 그래서 아들 조차석曹次石이 남명의 문인 정인홍鄭仁弘에게 부탁하여 신도비문을 지었으며, 정인홍의 문인 배대유裵大維가 비석에 새길 글씨를 썼다. 이 신도비문을 돌에 새겨 신도비를 묘소로 가는 길가에 세웠던 듯하다.

그런데 1623년 계해정변으로 정인홍이 역적으로 몰려 처형되자,

그가 지은 신도비문을 그대로 세워둘 수 없게 되었다. 그래서 남명의 손자 조진명曺晉明이 당대 명망이 높던 인근의 하홍도河弘度에게 찾아가 신도비문을 지어달라고 청하였는데, 하홍도는 당시 명망이 높던 서인계 김상헌金尙憲에게 받으라고 권유하였다. 그리하여 조진명이 김상헌을 찾아가 신도비문을 청하였으나, 김상헌은 허락하지 않았다.

그 후에 후손들이 사림의 의견을 모아 남인계 영수였던 조경趙絅에게 찾아가 부탁하는데, 조경이 즉시 지어주지 않았다. 그래서 그가 지어줄 의사가 없는 것으로 여기고, 다시 남인계 학자 허목許穆을 찾아가 부탁하였다. 그리하여 1672년 허목이 지은 신도비문을 받아 비석에 새겨 세우게 되었다. 그 뒤에 조경이 신도비문을 지어 보냈는데, 이미 허목의 글을 새겨 신도비를 세운 뒤였다. 조경이 지은 신도비문은 후에 만든 『남명집』 부록에 실려 있다.

그런데 비슷한 시기 남명 후손은 또 서인계의 영수였던 송시열宋時烈에게도 신도비문을 청하였다. 송시열은 10년 만에 신도비문을 지어 보냈는데, 이미 허목의 신도비문을 돌에 새겨 세운 뒤여서 그의 신도비문 역시 돌에 새겨 세울 수 없었다.

19세기 후반 남명의 후손 중에 허목이 지은 신도비문에 문제가 있다고 생각하는 사람이 있었는데, 1926년 그런 의논이 본격적으로 제기되어 허목의 글을 새긴 신도비를 철거하고, 대신 송시열이 지은 신도비문을 돌에 새겨 세웠다. 지금 남명기념관 경내에 있는 신도비가 바로 그것이다.

비석은 크게 받침돌인 대석臺石, 비문을 새긴 비신碑身, 덮개에 해당하는 개석蓋石으로 이루어져 있다. 그런데 남명의 신도비를 보면 대석·개석과 비신이 동일한 돌이 아님을 발견할 수 있다. 돌의 색깔이 확연히 다르다. 이는 허목의 신도비문을 새긴 비석을 없애고, 송시열의 신도비문을 돌에 새겨 넣을 적에 비신만 바꾸었기 때문이다.

이 신도비의 제목에 해당하는 전액篆額은 '남명선생신도비南冥先生神道碑'라고 되어 있는데, '생生' 자가 거꾸로 되어 있다. 이 한 글자를 왜 거꾸로 새겼는지에 대해서는 전하는 설이 없어서 그 이유를 알 수 없다. 일설에는 풍수적인 이유로 그렇게 했다고 하는데, 얼른 이해하기가 쉽지 않다.

신도비의 전액은 이 지역 출신으로 문과에 급제하여 벼슬살이한 이택환李宅煥의 주선으로 이조판서를 지낸 김성근金聲根이 쓴 글씨이다. 신도비문은 이조참판을 지낸 김학수金鶴洙의 글씨이다. 비문은 본래 전우田愚의 글씨를 받아 새기려 하였는데, 무슨 연유인지 김학수의 글씨로 바뀌었다. 신도비 옆에는 신도비문을 번역하여 세운 비석이 있다. 전 고려대학교 교수 고 김충열金忠烈이 번역하였고, 남명의 12대손 조옥환曹玉煥이 세웠다.

남명조식선생지상南冥曹植先生之像

신도비문을 번역하여 세운 비석 오른쪽에 남명 선생의 석상이 있다. 이 석상은 2001년 남명 탄신 5백 주년을 기념하여 중국 운남

남명 선생 석상

성의 옥석으로 석상을 만들어 들여온 것이다. 조각은 중국 북경 원명원화원 공예조각창圓明園花園工藝彫刻廠에서 했으며, 헌성자獻誠者는 주식회사 동방석유 대표 박현병朴炫秉, 주식회사 새건설 회장 조홍제趙洪濟, 중국 청화대학 교수 팽림彭林이며, 2001년 8월 18일 남명 탄신 5백 주년 기념사업회에서 세웠다.

이 석상 뒷면에는 2001년 덕천서원 원장으로 있던 이현재李賢宰가 짓고, 서예가 정도준鄭道準이 글씨를 쓴 「남명선생상찬南冥先生象贊」이 돌에 새겨져 있다.

을묘사직소 국역비

무진봉사 국역비

남명 선생 상소문 국역비

남명조식선생지상 옆에는 「남명 선생이 단성현감을 사직하며 명종께 올린 상소문」과 「남명 선생이 선조 대왕께 올린 무진봉사」를 새긴 비석이 나란히 서 있다. 왼쪽 비석은 남명이 1555년 단성현감에 제수되자 이를 사직하며 올린 「을묘사직소」(일명 '단성현감사직소')를 번역하여 세운 것이고, 오른쪽 비석은 1568년 선조에게 올린 「무진봉사」를 번역하여 세운 것이다. 「을묘사직소」는 이성무의 번역문을 2009년 10월 9일 조옥환이 세웠으며, 「무진봉사」는 김충열의 번역문을 2010년 8월 3일 조옥환이 세웠다. 이 번역문 비석은 모두 남명의 후손이 상소문의 내용을 널리 대중에게 알리려고 세운 것이다.

02

남명기념관 내부 전시물

남명기념관 전시실에는 남명 사상의 핵심을 엿볼 수 있는 귀중한 자료들이 다수 있다. 그 가운데서 특히 몇 가지 전시물은 남명 사상을 이해하는 데 매우 중요한 것이므로 눈여겨볼 필요가 있다.

신명사도神明舍圖

남명기념관 전시실 문을 들어서면 정면 벽에 「신명사도」가 걸려 있다. 이 「신명사도」는 남명이 손수 그린 남명 사상의 결정체이다. 이 한 장의 그림은, '마음이 일신一身의 주인이 되어 몸과 감정을 잘 관리해 지선至善의 경지에 이르는 것'을 '한 나라의 임금이 나라를 잘 다스려서 태평성대에 이르는 것'에 비유한 것이다. 이 그림은 한마디로 마음에 도덕적 주체를 세워 감정에 치우치지 않도록 성찰하고 극기하는 것이 핵심이다.

「신명사도」는 상단의 성곽과 하단의 목표로 양분할 수 있다. 하단은 지선, 즉 조금의 거짓도 없는 진실한 마음인 성誠으로 의리에 맞게 실천하는 목표를 제시한 것이다. 따라서 이 그림의 핵심은 상단의 심성 수양 공부에 있다. 심성 수양 공부는 마음이 움직이기 전에 경건한 마음을 유지하는 존양存養, 감정이 움직이고 난 뒤에 그 감정이 악으로 빠지지 않도록 주의하여 살피는 성찰省察, 그리고 그 감정이 악으로 빠지는 기미가 발견되면 즉석에서 물리쳐 본래의 상태로 되돌리는 극치克治, 이렇게 삼 단계로 되어 있다.

이런 성리학의 심성 수양론으로 보면, 마음이 움직이기 이전의 존양은 성리학자들이 중시한 경敬 공부를 통해 확립된다. 경敬은 경천敬天, 또는 외천畏天이라는 용어에서 알 수 있듯이 흐리멍덩하지 않고 또렷하게 각성한 도덕적 긴장감을 유지하는 것이다. 이런 마음이 잠시 해이해지면 사심이나 이기심이 끼어들게 되어 공정함을 유지할 수 없다. 그러므로 경敬은 한 점 티끌도 없이 진실한 마음을 꽉 채워 지속하는 것이다. 이 경敬은 마음을 진실하게 하는 공부의 근본이다.

「신명사도」 내부의 '신명사神明舍'는 신명神明 즉 마음이 머무는 집으로, 그 마음은 일신을 주재하기 때문에 한 나라를 다스리는 임금에 비유하여 '태일군太一君'이라 한 것이다. 그런데 이 일신을 주재하는 마음이 자신의 마음속에서 일어나는 생각과 감정을 잘 통제하기 위해서는 또렷이 각성한 상태로 도덕적 긴장감을 유지하는 것이 필요하다. 그래서 「신명사도」에서는 국가의 기무를 총괄하는 총재冢宰의 이름을 '경敬'이라 한 것이다.

성찰은 마음이 움직여 생각이나 감정이 일어난 것을 살피는 것

이다. 이런 생각이나 감정은 선으로 갈 수도 있지만 악으로 빠질 수
도 있다. 그러므로 잘 살피지 않으면 순간 사심이 끼어들어 악으로
흘러가게 된다. 그래서 마음 공부에서는 이 성찰이 매우 중요하다.
「신명사도」를 보면 사람의 신체에 해당하는 성곽에 세 개의 관문
을 설치하였는데, 그 이름이 '목관目關', '이관耳關', '구관口關'이다.
이 세 관문은 사람의 신체 중에서 생각과 감정이 출입하는 제일 중
요한 기관이다.

「신명사도」

'견물생심見物生心'이라는 말이 있듯, 사람은 사물을 통해 감정이 생기는데, 백문불여일견百聞不如一見이라고 하듯 눈으로 사물을 보는 것은 인식 작용에서 가장 중요하다. 그러므로 눈(目)·귀(耳)·입(口) 등의 감각기관을 그대로 열어놓고 주체 의식 없이 사물에 접하는 대로 인식하면 그 감정에 이끌리게 된다. 그렇게 되면 사욕에 유혹되어 공정을 잃게 된다. 그래서 심성 수양에서는 움직인 감정을 주목해 살피는 것이 중요하다. 남명은 이 점을 특히 중시하였다. 그리하여 눈·귀·입 세 기관을 잘 살펴 단속하면 마음을 붙잡고 다스려 악으로 빠지지 않을 수 있다고 생각했다.

그리하여 남명은 세 관문을 성찰하는 것에 특별히 주목하여 독특한 수양 방법을 제시하였다. 그것이 바로 「신명사도」의 목관, 이관, 구관에 『주역』「대장괘大壯卦」의 장대한 기상으로 움직인 감정이 드나드는 것을 삼엄하게 살피는 것을 깃발로 형상한 것이다. 이 깃발은 대장군의 깃발이 아니고, 조금도 흔들림이 없는 '장대한 의지와 기상'을 말한다. 「대장괘」를 보면 '군자는 이 대장괘의 뜻으로 예가 아니면 실천하지 않는다'고 하였으니, 이는 극기복례의 실천을 드러낸 것이다. 이처럼 조금도 사욕이 개입하지 못하게 성찰하는 일을 담당하는 관리가 「신명사도」의 '백규百揆'이다. '백규'를 세 관문에 모두 그리지 않고 '구관' 밑에만 그려 넣었는데, 이는 세 관문에 모두 그린 것이나 다름없다.

성찰을 극진히 하다가 악의 기미가 발견되면 바로 물리치는 것이 대사구大司寇가 담당하는 '극치克治'다. 대사구는 법을 집행하는 관리다. 이는 마음에서 일어난 감정이 악으로 빠질 기미가 보이면 즉시 극복해 물리쳐 본래의 선한 상태로 되돌리는 것을 말한다.

「신명사도」는 이처럼 남명 심성 수양론의 요지를 그려놓은 것이다. 그런데 나라의 임금이 사직에서 죽을 각오를 하듯이, 심성을 수양할 적에도 생사결단의 각오로 치열하게 해야 한다. 그 점을 강조하기 위해 성곽 안에 '국군사사직國君死社稷'이라는 글자를 써넣은 것이다.

남명의 「신명사도」는 공자가 안회에게 일러준 극기복례의 네 가지 실천 조목인 "예가 아니면 보지 말고, 예가 아니면 듣지 말고, 예가 아니면 말하지 말고, 예가 아니면 행동하지 말라.(非禮勿視 非禮勿聽 非禮勿言 非禮勿動)"고 한 것에 그 연원을 둔 것으로, 핵심은 극기복례의 실천에 있다. 이것이 바로 남명학을 실천유학이라 하는 것이다. 그러니 '실천'은 곧 감정을 다스려 극기복례하는 것이라고 할 수 있다.

남명학맥도南冥學脈圖

「신명사도」 옆에 또 하나의 깨알 같은 글씨로 된 도표가 걸려 있으니, 그것이 바로 「남명학맥도」이다. 이 그림은 경상국립대학교 이상필 명예교수가 오랜 노력의 결과로 만든 것이다.

남명 당대에 남명을 찾아와 배운 사람이 정확하게 얼마나 되는지는 알 수 없다. 현재 기록상으로는 대략 135명 정도의 문인을 확인할 수 있다. 「남명학맥도」에는 문인 중 나이가 제일 많은 이제신 李濟臣으로부터 130여 명에 이르는 문인들의 이름이 생년 순으로 차례대로 기록되어 있다. 그리고 그 옆에는 그 문인으로부터 이어 진 학맥이 옆으로 쭉 펼쳐져 있다.

이 그림을 보면 중간 부분에 빈 여백이 많다. 그것은 17세기 후 반부터 19세기 전반까지 약 2백 년 동안 남명학파가 위축되었을 때의 모습을 보여준다. 그리고 도표 오른쪽 끝에 다시 여러 학자가 나타나는 것은 19세기 중반 이후 경상우도 지역의 학풍이 다시 일 어나 많은 학자가 배출된 것을 보여준다.

19세기 후반 이후 경상우도 지역에는 다른 지역에서 찾아볼 수 없을 정도로 학문이 크게 일어났다. 그중에 퇴계학맥에서 갈라진 이진상李震相의 학맥을 이은 한주학단寒洲學團, 전라도 장성에 살던 기정진奇正鎭의 학맥을 이은 노사학단蘆沙學團, 성호학통의 허전許傳 의 학맥을 이은 성재학단性齋學團 등 다양한 학맥의 학자들이 함께 학문을 토론하여 조선 성리학의 대미를 장식하였다. 이 도표에는 그중 주요 학자들이 나열되어 있다.

탐방객 중에 선조가 이 학맥도에 있다면 찾아보며 자긍심을 가 져도 좋을 것이다. 선조 중에 훌륭한 인물을 자신도 모르게 닮게 된다.

남명 학맥도(南冥 學脈圖)

조식曺植(남명南冥)1501~1572

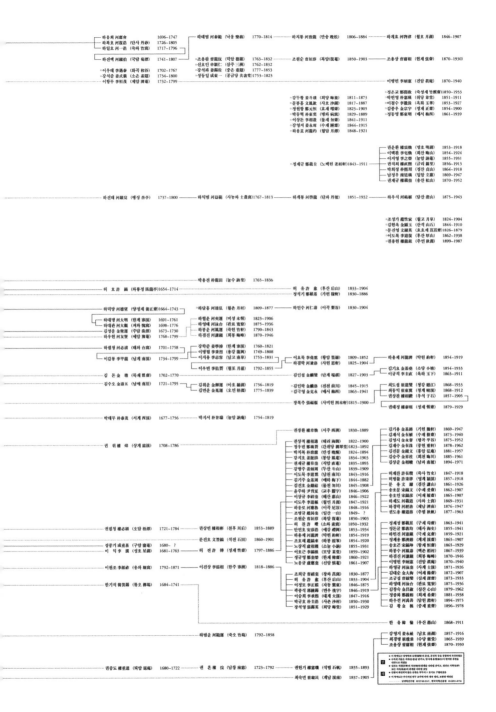

하응회 河應會 1696~1747
하복호 河復浩 (단사 丹沙) 1726~1805
하일호 河一浩 (죽와 竹窩) 1717~1796

하진태 河鎭兌 (국암 菊庵) 1741~1807

하태범 河泰範 (낙옹 樂翁) 1770~1814 ─── 하직붕 河致鵬 (만송 晩松) 1806~1884 ─── 하계효 河啓澤 (월호 月湖) 1846~1907

조용환 曺龍瓛 (덕암 德庵) 1763~1832 ─── 조의순 曺垣淳 (복암 復庵) 1850~1903 ─── 조용상 曺龍相 (현재 弦齋) 1870~1930
신호인 申顥仁 (삼주 三洲) 1762~1832
강석좌 姜碩佐 (송은 松隱) 1761~1845
정동일 成東一 (공금당 共金堂)1753~1823

이우형 李遇亨 (화곡 和谷) 1702~1767
강석준 姜武遠 (소은 素隱) 1734~1800
이동무 李恒茂 (제암 濟庵) 1752~1799

이병헌 李炳憲 (진암 眞庵) 1870~1940

강두룡 姜斗龍 (희암 希庵) 1811~1873
문봉호 文鳳鎬 (사호 沙湖) 1817~1887
정원할 鄭元喆 (교재 喬齋) 1823~1905
박동혁 朴東爀 (병와 病窩) 1829~1889
이상은 李相殷 (물재 勿齋) 1841~1911
강정지 姜正枝 (수재 睡齋) 1844~1915
하유표 河儒杓 (월담 月潭) 1848~1921

정재규 鄭載圭 (노백헌 老柏軒)1843~1911

권운환 權雲煥 (명호 明湖) 1853~1918
이택환 李宅煥 (회산 晦山) 1854~1924
이지영 李之榮 (남정 湳山) 1855~1931
권재희 權載熙 (근리 謹里) 1856~1913
박희정 朴熙貞 (경산 絅山) 1864~1918
남정룡 南廷龍 (입암 立菴) 1869~1947
권재규 權載奎 (송산 松山) 1870~1952

하진태 河鍾兌 (행정 杏亭) 1737~1800 ─── 하익범 河益範 (사농와 士農窩)1767~1813 ─── 하재룡 河載龍 (단파 丹坡) 1851~1932 ─── 하우식 河祐植 (담산 澹山) 1875~1943

조성가 趙性家 (월고 月皐) 1824~1904
김현옥 金顯玉 (산석 山石) 1844~1910
문신영 文鎭英 (효효재 囂囂齋)1826~1879
이도묵 李道黙 (죽산 竹山) 1862~1938
권용현 權龍鉉 (추연 秋淵) 1899~1987

박용전 朴龍田 (눌수 訥叟) 1765~1836
허 호 許 鎬 (하봉정 厦鳳亭)1654~1714
허 유 許 愈 (후산 后山) 1833~1904
정석기 鄭碩基 (한천 旱泉) 1830~1886

하덕망 河德望 (양정재 養正齋)1664~1743 ─── 하달홍 河達弘 (월촌 月村) 1809~1877 ─── 하한수 河仁壽 (이곡 梨谷) 1830~1904

하대곤 河大坤 (탁계 濯溪) 1691~1761
하대관 河大觀 (회와 悔窩) 1698~1776
김창윤 金昌潤 (주암 疇庵) 1673~1730
하우현 河友賢 (예암 豫庵) 1768~1799

하현운 河顯運 (미성 未聖) 1823~1906
하영태 河泳台 (신천 慎川) 1875~1936
하용운 河鳳雲 (죽헌 竹軒) 1790~1843
하진진 河晉鎭 (회봉 晦峰) 1870~1946

하필청 河必淸 (태와 台窩) 1701~1758
이갑룡 李甲龍 (남계 南溪) 1734~1799

강학술 姜學述 (만계 嵐溪) 1760~1821
이병렬 李秉烈 (남강 南岡) 1749~1808
이주후 李澍后 (남고 湳皐) 1753~1831
이우빈 李佑贇 (월포 月浦) 1792~1855

이요묵 李堯黙 (항암 恒庵) 1809~1852
하겸락 河兼洛 (사헌 思軒) 1825~1904

하용제 河龍濟 (약헌 約軒) 1854~1919

김기요 金基堯 (소당 小塘) 1854~1933
이규대 李圭大 (죽파 玉村) 1863~1911

김 은 金 檃 (목재 默齋) 1702~1770
김수오 金粹五 (남전 南田) 1721~1795

김휘운 金輝運 (이호 裔湖) 1756~1819
김윤은 金凮運 (오연 梧淵) 1775~1839

김인락 金麟洛 (전천 前川) 1845~1915
김구열 金龜烈 (애산 艾山) 1863~1941

최도술 崔道述 (방강 雌江) 1868~1933
최두익 崔斗翼 (정재 靖齋) 1868~1912
권상찬 權相瓚 (우석 于石) 1857~1905

박태무 朴泰茂 (서계 西溪) 1677~1756 ─── 박지서 朴旨瑞 (눌암 訥庵) 1754~1819

권익정 權顗貞 (죽재 竹齋) 1879~1929

권 위 權 煒 (상계 霜溪) 1708~1786

권정환 權珽煥 (서주 西洲) 1830~1889
권상호 權相灝 (애와 厓窩) 1822~1900
정우원 鄭瑀元 (권재당 捲栖堂)1823~1892
박치복 朴致馥 (만성 晩醒) 1824~1894
강호 姜鎬珍 (봉당 鳳堂) 1834~1903
권재규 權在奎 (직암 直菴) 1835~1893
강학주 姜鶴周 (우산 牛山) 1839~1909
이도복 李道復 (남천 南川) 1843~1916
김기수 金基洙 (매하 梅下) 1844~1882
김진호 金鎭祜 (물천 勿川) 1845~1908
윤주하 尹冑夏 (교우 膠宇) 1846~1906
이상규 李祥奎 (혜산 惠山) 1846~1922
이도추 李道樞 (이곡 尼谷) 1847~1921
하봉도 河鳳道 (삼산 三山) 1848~1916
조병규 趙昺奎 (일산 一山) 1849~?
조성순 趙性珣 (성재 誠齋) 1850~1903
허 전 許 傳 (소파 小波) 1850~1932
안선호 安善浩 (수정 守亭) 1853~1934
하용제 河龍濟 (약헌 約軒) 1854~1919
조호래 趙鎬來 (하봉 荷峰) 1854~1920
노상직 盧相稷 (소눌 小訥) 1855~1931
정규석 鄭圭錫 (모당 慕堂) 1860~1921
정규영 鄭奎榮 (양계 暘溪) 1860~1921
노상益 盧相益 (극재 克齋) 1855~1931

권상정 權相政 (천주 川邑) 1853~1889
문진호 文晋鎬 (석전 石田) 1860~1901
허 전 許 傳 (성재 性齋) 1797~1886

조식 曺植 남명 南冥

정재철 鄭載喆 (계재 溪齋) 1863~1941
정은균 鄭殷均 (매사 梅史) 1855~1941
하헌진 河憲鎭 (극재 克齋) 1859~1921
정재용 鄭載瑢 (계재 溪齋) 1865~1907
송호문 宋鎬文 (우당 愚堂) 1862~1907
송호곤 宋鎬坤 (해사 海史) 1865~1907
하제도 河濟道 (석태 石太) 1869~1931
하경락 河經洛 (동강 東岡) 1876~1947
권도용 權道溶 (추범 秋帆) 1877~1963

이현조 李源祚 (응와 凝窩) 1792~1871 ─── 이진상 李震相 (한주 寒洲) 1818~1886

조시긍 曺時矜 (창석 蒼石) 1830~1877
허 유 許 愈 (후산 后山) 1833~1904
이정모 李正模 (자동 紫東) 1846~1875
곽종석 郭鍾錫 (면우 俛宇) 1846~1919
이승희 李承熙 (대계 大溪) 1847~1916
박규호 朴圭浩 (사촌 沙村) 1850~1930
정석영 鄭碩榮 (회양 悔陽) 1851~1929

한기석 韓箕錫 (류오 柳塢) 1684~1741

한유형 韓愉 (우산 愚山) 1868~1911

하범운 河範運 (죽오 竹塢) 1792~1858

강영지 姜永祉 (남호 南湖) 1857~1916
최경병 崔瓊炳 (수당 睡堂) 1865~1939
조용상 曺龍相 (현재 弦齋) 1870~1930

권중도 權重道 (퇴암 退庵) 1680~1722 ─── 권 혼 權 混 (남창 南窓) 1723~1792 ─── 권재규 權載璉 (석범 石帆) 1835~1893

최숙민 崔琡民 (계남 溪南) 1837~1905

경의검敬義劍

남명이 자신의 마음속에서 일어나는 사욕을 순간순간 베어내기
위해 몸에 지니고 다닌 칼로, 손잡이 양면에 '내명자경 외단자의內明
者敬 外斷者義'라고 새겨져 있다. '경의검'이라는 명칭은 후대에 붙인
것이고, 당시에는 '패검佩劍'이라 하였다.

이 경의검에 새겨진 문구는 곧 남명의 경의사상을 단적으로 드
러내 주는 것으로, 경敬을 통해 내면을 한 점의 티끌도 없이 깨끗하
게 정화하고, 그런 마음을 바탕으로 외면의 일을 의義에 맞게 결단
하는 것이다. 이 역시 남명의 실천정신을 잘 보여주는 도구이다.

성성자惺惺子

남명이 자신의 마음을 흐리멍덩한 데로 빠지지 않도록 늘 경각
시키기 위해 허리춤에 차고 다니던 쇠방울이다. 남명은 혼몽昏夢한
정신 상태를 매우 경계하였다. 그리하여 밤하늘의 별처럼
초롱초롱 빛나는 깨어있는 정신을 유지하려
하였다. 설화에 의하면, 어느 날
남명이 서경덕·성운·이지함 등과
누가 잠을 가장 오래 자지 않고
깨어 있을 수 있는지 시합을 하였
는데, 20일 동안이나 잠을 자지 않

성성자(남명기념관 소장)

아 우승하였다는 이야기가 전하는데, 바로 이런 성성한 정신을 반영한 것이다. 성성자도 남명의 실천정신을 잘 보여주는 도구이다.

사성현유상병풍四聖賢遺像屏風

남명은 성인 공자孔子 및 송나라 때 대현大賢인 주돈이周敦頤, 정호程顥, 주희朱熹의 초상을 그려 네 폭의 병풍으로 만들어 옆에 놓고서 자신을 엄숙하고 경건하게 하였다고 한다. 즉 이 네 성현을 스승으로 삼아 그 경지에 이르기를 바란 것이고, 또 한편으로는 이 네 분의 스승이 늘 옆에 계신 것처럼 생각하여 마음가짐을 경건히 한 것이다.

남명이 사성현도를 그려 놓은 것은 학문의 목표를 이분들에게 둔 것이다. 즉 주희를 통해 정호와 주돈이에 이르고, 다시 공자의 경지까지 거슬러 오르려 한 것이다. 따라서 이 사성현도는 남명의 학문이 공자로부터 주렴계와 정자를 거쳐 주자에 이른 학문을 자신이 계승하고자 하는 지향을 드러낸 것이니, 남명학의 본질이 여기에 있다고 하겠다. 이를 도외시하고 『장자』의 문자가 보인다고 하여 노장사상에 물들었다고 보는 것은 남명학의 본질을 올바로 보지 못한 것이다.

03

가묘

가묘家廟는 이곳에 살던 남명의 후손이 남명 선생 및 정경부인貞
敬夫人(남평조씨), 숙부인淑夫人(은진송씨)의 위패를 모시고 기일에 제사
를 올리는 집안의 사당이다. 그러니까 이 사당 앞에 남명의 봉사손
이 살던 집이 있었음을 알 수 있다.

유림儒林이 공의公議로 서원에서 향사享祀를 지내는 것과는 별개
로, 후손들이 선조에게 제사를 지내는 곳이기에 일명 '별묘別廟'라
고 한다.

가묘의 건물은 사당인 여재실如在室과 제사 지내는 사람들이 재
계하는 재실齋室로 되어 있다. 여재실이라는 명칭은 『논어』에 "제
사를 지낼 적에는 조상이 살아계신 듯이 한다.(祭如在)"라고 한 데서
취한 것이다.

여재실은 정면 네 칸의 건물로 방이 세 칸, 당堂이 한 칸이다. 당
에는 '재실齋室'이라는 현판이 걸려 있으며, 1756년 5세손 조세관曹
世觀이 지은 「별묘중수상량문別廟重修上樑文」이 걸려 있다.

남명의 둘째 아들 조차석曹次石은 음직으로 예안현감, 신창현감,

가묘(여재실)

의령현감 등을 지냈다. 그의 후손들을 의령공파宜寧公派라 한다. 조
차석의 아들 조진명曹晉明은 덕산에 살다가 무슨 연유인지 선산善
山(현 구미시 장천면)으로 이주하여 4대를 그곳에서 살았다. 그러다가
조진명의 4대손 조대림曹大霖이 선산에서 다시 덕산으로 이주하였
다. 조대림은 1756년에 별세하였는데, 그해에 가묘를 중수하고「별
묘중수상량문」을 조차마曹次磨의 4세손 조세관이 지었다. 그러니
1750년을 전후한 시기에 남명의 봉사손 조대림이 덕산으로 이주한
듯하다. 지금의 가묘인 여재실은 당시 건축한 것을 후대에 중수한
것일 것이다.

　　남명의 봉사손 조대림이 1750년을 전후한 시기에 덕산으로 돌
아왔고, 1756년 가묘를 새로 중수한 뒤에 산천재를 중건하자는 논
의가 일어난 듯하다.

남명 선생 묘소

남명기념관 뒤쪽 쪽문을 통해 산기슭을 약 10분쯤 오르면 남명 선생의 묘소가 나타난다. 이 묘소 자리는 남명이 직접 잡은 곳이라고 하며, 풍수가들은 잠두형蠶頭形 자리라고 한다. 누에의 머리처럼 생겼기 때문에 그런 명칭을 붙인 것이다. 묘소에는 남명 선생의 묘가 있고, 그 아래에 후취부인 은진송씨恩津宋氏의 묘가 있다. 남명 선생의 묘는 임좌병향壬坐丙向이다.

남명 선생 묘소에는 절친 성운成運이 지은 묘비문이 있으며, 그 옆에 후손이 비문을 번역해 세운 사면체의 국역비가 있다. 묘소 옆에 비스듬히 누워있는 비석은 전에 세웠던 비석이다.

남명 선생 묘역

제3부

덕천서원 德川書院

01
서원과 향교

    우리나라는 삼국 시대부터 중앙 교육기관인 국학國學을 개설하여 인재를 양성하였다. 그러나 지방 교육기관은 고려 시대에 들어와 비로소 설립되었다. 고려 광종光宗은 쌍기雙冀를 등용하여 과거를 통해 인재를 선발하는 정책을 시행했는데, 이에 힘입어 학교 교육이 활성화되었다. 당시 교육기관으로는 국자감國子監·사문四門·구재학당九齋學堂 등이 있었다.[100] 이는 모두 수도에 설립한 중앙 교육기관이다. 고려 시대에는 오경·『논어』·『효경』 등을 가르쳤다.

    고려 시대 지방 교육기관을 개설한 것은 인종仁宗 5년(1127)에 이르러서였다. 인종은 여러 주에 학교를 세워 교화를 넓히라고 하였다.[101] 그러나 모든 지역에 향교가 개설되지는 못하였다. 지방에 향교를 개설하여 교육을 전면적으로 시행한 것은 사대부 정치 시대인 조선 왕조에 이르러서였다. 유교 국가를 표방한 조선은 각 고을에 향교를 개설하고, 지방관 평가에 학교 운영 실태를 반영함으로써 지방 교육이 활기를 띠었다. 태종 6년(1406)에는 향교의 정원과 전지田地를 고을의 크기에 따라 차등을 두어 분배하였다.[102]

조선 시대 교육기관은 관학官學과 사학私學으로 양분된다. 관학은 성균관, 사학四學, 향교, 잡학 교육기관으로 나눌 수 있다. 그리고 사학은 서원과 서당으로 나누어 볼 수 있다.

성균관은 태학太學·반궁泮宮 등으로 불린다. 성균관은 태조 7년(1398)에 건립한 고등 교육기관으로, 국가에서 필요로 하는 인재 양성을 목적으로 하였다. 성균관은 사마시에 합격한 사람이 입학할 수 있었으며, 기숙사 생활을 하였다. 공간구성은 성현에게 제사를 지내는 대성전大成殿, 강학하는 명륜당明倫堂, 기숙사인 동재東齋·서재西齋 등으로 크게 나누어 볼 수 있다.

사학四學은 고려 시대 학당을 계승한 것으로, 수도에 설치한 성균관의 부속학교와 같은 성격이다. 따라서 성현에게 제사를 지내는 문묘文廟를 갖추지 않고 명륜당과 동재·서재만을 두었다. 향교는 고려 시대부터 지방에서 개설된 지방 교육기관으로, 조선 시대에는 일부 변방을 제외하고는 각 군郡·현縣에 모두 개설하였다. 향교에는 대성전·명륜당 및 동재·서재를 갖추어 성균관처럼 교육과 향사의 기능을 겸하였다. 이외에도 국가에서 필요로 하는 인재를 양성하기 위해 역학譯學·율학律學·의학醫學·천문학天文學·지리학地理學 등 잡학 교육기관을 중앙에 개설하였다.

향교는 각 지방 관청에서 관할하게 하였다. 정원은 부府·대도호부大都護府·목牧에는 90명, 도호부에는 70명, 군에는 50명, 현에는 30명으로 하였으며, 교수敎授·훈도訓導를 배치하였다. 또한 5~7결結의 학전學田을 지급하여 비용에 충당하도록 하였다. 그리고 향교

성균관 대성전

성균관 명륜당

의 흥함과 쇠함을 수령의 고과考課에 반영하였으며, 수령은 매월 교육 현황을 관찰사에게 보고하였다. 그러나 향교는 성리학이 발달하는 추이에 부응하지 못하여 16세기 서원이 창건되면서 쇠퇴의 길을 걸었다. 효종 때 학적부에 해당하는 향교안鄕校案에 이름이 오르지 않은 자는 과거 응시를 허락하지 않는 등 조정에서는 향교 부흥책을 썼지만, 서원 위주의 지방 학문이 성대해지는 형세에 밀려 유명무실해지고 말았다.

고종 31년(1894) 과거제도가 폐지되면서 향교는 명목만 남게 되어 교육 기능이 상실되고 향사의 기능만 유지되었다. 우리나라의 향교 숫자는 『세종실록지리지』에는 329개, 중종 때 만든 『신증동국여지승람』에는 329개, 영조 때 만든 『여지도서輿地圖書』에는 327개로 되어 있으며, 1918년 조사에는 335개로 되어 있다. 현재 남한에는 234개의 향교가 남아 있다.

사학私學은 서원과 서당으로 나누어 볼 수 있다. 서원은 지역의 공론에 의해 만들어진 법인체라고 할 수 있으며, 서당은 개인이 사적으로 만든 교육 공간이다. 송나라는 사대부 정치 시대로 과거를 통해 인재를 선발하였는데, 전국 각지에서 서원이 건립되기 시작하였다. 중국 4대 서원인 백록동서원·악록서원·석고서원石鼓書院·숭양서원嵩陽書院 등이 모두 송나라 때 설립되었다. 서원은 각 지방에 거주한 학자들의 강학 공간으로서 지방 학문의 중심이 되었다.

우리나라 서원은 중종 38년(1543) 풍기군수 주세붕周世鵬이 그 지역 출신 유학자 안향安珦의 학덕을 기리기 위해 건립한 백운동서

소수서원 경렴정

원白雲洞書院에서 비롯되었다. 서원 건립의 주목적은 선현에 대한 향
사와 유학 교육의 진흥에 있었다.

　우리나라 서원은 산수가 아름다운 한적한 곳에 있으며, 그 지역
의 선현들을 제향하며, 지방 교육 진흥에 크게 기여한 점을 특징으
로 들 수 있다. 그러나 서원이 너무 많이 설립되어 향교가 쇠퇴하는
원인을 제공했고, 지역 사회의 여론을 주도하는 유림의 집결지가
되었으며, 선현의 향사를 빌미로 횡포를 부리기도 하고, 정쟁에 가
담하여 당쟁의 온상이 되기도 하였다. 이런 폐단이 극심해지자, 고
종 8년(1871) 대원군은 서원을 47개만 남기고 모두 폐쇄해 버렸다.

　서당은 고려 시대부터 있었는데, 조선 시대에 더욱 발전하였다.
이는 전적으로 개인의 의지에 의해 설립되는 사설 교육기관이기 때문에 제약이 없었다. 따라서 그 규모와 성격도 매우 다양했다. 서당에는 평민도 가서 배울 수 있었기에 학문을 보편화하고 지역 사회에 윤리를 전파하는 데 큰 역할을 하였다.

향교와 서원의 몇 가지 특징을 정리해 보면 다음과 같다.

첫째, 향교는 국가에서 건립한 관학官學이고, 서원은 지역의 유림이 건립한 사학私學이다. 둘째, 향교는 지방 관아가 있는 읍치邑治에 소재하고, 서원은 선현의 연고지로서 산수가 수려한 한적한 곳에 설립한다. 셋째, 향교는 지방 관아의 수령이 관장하였고, 서원은 지역 유림의 공론으로 원장院長과 원임院任을 선임해 관장하게 하였다. 넷째, 향교는 공자 및 역대 선현을 제향하는 대성전과 강학하는 명륜당과 동재·서재로 구성되지만, 서원은 지역 연고가 있는 선현을 제향하는 사당과 강학 공간인 강당과 동재·서재의 기숙사로 구성되었다. 다섯째, 향교는 정원이 정해져 있던 반면, 서원은 정원이 정해져 있지 않았다. 여섯째, 향교는 봄과 가을에 석전제釋奠祭를 지내지만, 서원에는 봄과 가을에 향사를 지낸다. 석전제란 학교에서 술과 음식을 차려놓고 선성先聖·선사先師에게 제사를 올리는 것을 말한다. 향사는 사당에서 술과 음식을 차려놓고 선현에게 제사를 올리는 것을 말한다.

02

덕천서원 연혁

한국학중앙연구원에서 간행한 고문서집성古文書集成 제25책에
수록된 『덕천서원지德川書院誌』에 실린 기록에 의거하여 덕천서원
의 창건 경위와 공간구성 및 임란 후의 중건 사실을 간략히 정리하
면 다음과 같다.[103]

- 1575년(을해, 선조 8) : 문인 최영경崔永慶·하항河沆·하응도河應圖·
  손천우孫天佑·유종지柳宗智 등과 진주목사 구변具忭, 경상감사 윤
  근수尹根壽 및 영남 사림이 만나 산천재 서쪽 3리 지점 시천矢川
  시냇가에 서원을 창건하기로 결의하였다. 이에 앞서 하응도가 선
  생을 모시고 소요하던 곳에 초옥을 지어놓았는데, 그 집을 헐고
  그 터를 서원 부지로 내놓아 일이 순조롭게 진행되었다.

- 1576년(병자, 선조 9) : 봄에 서원이 건립되었다. 가을에 남명 선생
  의 위판位版을 사당에 봉안하였다. 서원의 명칭은 지명에서 취해
  '덕산서원'이라 하고, 석채례釋菜禮를 행하였다. 7월에 문인 정구鄭
  逑가 선생의 묘소에 고유한 뒤, 최영경 등과 논의하여 원규院規·회

강회講 등을 정하였는데, 산천재에서 전에 행하던 예식과 같이 행하였다. 강당의 명칭은 남명학의 요체인 경敬·의義를 취해 '경의당敬義堂'이라 하고, 강당의 좌우 협실은 '동익東翼'·'서익西翼'이라 하였다. 동재·서재는 '경재敬齋'·'의재義齋'라고 명명하였다. 동재· 서재의 끝에 딸린 다락(軒)의 명칭은 '광풍헌光風軒'·'제월헌霽月軒'이라 하였다. 경상감사 윤근수가 김천의 폐사에 속한 토지를 도산서원과 덕산서원에 나누어주어 경비로 쓰게 하였다.

- 1577년(정축, 선조 10) : 서원에 단청을 칠하고 담장을 쌓고 문루門樓를 세워 '유정문幽貞門'이라 명명하였다. 문루 안에는 좌우로 물을 끌어들여 네모난 연못(方塘)을 만들고서 그 안에 연꽃을 심고 그 옆에 소나무 한 그루씩 심었다.

- 1582년(임오, 선조 15) : 문밖 시냇가에 세 기둥의 정자를 지어 풍영風詠하는 곳으로 삼고 편액을 '세심정洗心亭'이라 하였다. 하수일河受一이 기문을 지었다.

- 1592년(임진, 선조 25) : 임진왜란으로 강당·동재·서재·정자가 불에 타고, 사우祠宇·주사廚舍만 남았다. 그것마저도 정유재란 때 소실되었다.

- 1601년(신축, 선조 34) : 진주목사 윤열尹說이 선비들의 의논에 따라 힘을 합해 서원의 중건을 도모하기로 하였다.

- 1602년(임인, 선조 35) : 사우祠宇와 신주神廚를 조성하였다. 이정李瀞·진극경陳克敬·하징河憕이 일을 주관하고, 정대순鄭大淳·손균孫均이 실무를 맡았다. 오장吳長이 사우상량문을 지었다.

- 1603년(계묘, 선조 36) : 가을에 위판을 봉안하고 석채례를 지냈다. 선생의 위판을 바위틈에 숨겨두어 다행히 보전하였으나, 더럽혀져 불결해서 새로운 위판을 다시 만들었다.
- 1606년(병오, 선조 39) : 경상도관찰사 유영순柳永詢이 서재西齋를 지었다. 9월에 관찰사 유영순이 경상우병사慶尙右兵使 김태허金太虛와 함께 서원에 와서 쌀 20석, 조세 50석을 희사하고, 서원 주위 산 1리를 이자를 취하는 토지로 삼아 서원의 경비에 충당하도록 하였다.
- 1609년(기유, 광해 1) : 강당·동재·주고廚庫가 완성되었다. 승정원에서 주청하여 '덕천서원德川書院'으로 사액賜額되었다.
- 1611년(신해, 광해 3) : 사우를 증축하고 문루와 정자를 지었다.
- 1612년(임자, 광해 4) : 수우당守愚堂 최영경崔永慶을 사우에 배향하였다.
- 1690년(경오, 숙종 16) : 진주목사 김시경金始慶의 도움을 받아 서원을 중수하였다.
- 1796년(병진, 정조 20) : 서원을 중수하였다.
- 1815년(을해, 순조 15) : 세심정 북쪽에 취성정을 새로 짓고 이름을 '풍영정風詠亭'으로 고쳤다.
- 1870년(경오, 고종 7) : 대원군의 서원철폐령에 의해 덕천서원이 훼철되었다.

일제강점기 이후의 간략한 연혁은 다음과 같다.

• 1916년(병진) : 진사 하재화河載華 등이 진주향교에서 도내 유림들을 만나 경의당을 중건하기로 결의하였다.
• 1918년(무오) : 경의당을 중건하였다.
• 1924년(갑자) : 사우를 건립하기로 결의하였다.
• 1926년(병인) : 11월 사우를 준공하였다.
• 1927년(정묘) : 3월 28일 남명 선생의 위판을 사우에 봉안하였다.
• 1974년(갑인) : 지방문화재 89호로 지정되었다.
• 1983년(계해) : 1월 23일 국가지정문화재 사적 제305호로 산천재, 덕천서원, 별묘 등이 일괄 지정되었다.
• 2013년(계사) : 수우당 최영경의 위판을 사우에 다시 배향하였다.

03
덕천서원 공간 명칭과 그 의미

덕천서원德川書院

우리나라 서원은 풍기군수 주세붕周世鵬이 그 지역 출신 유학자 안향安珦의 학덕을 기리기 위해 1543년 건립한 백운동서원白雲洞書院이 효시이다. 서원의 공간구성은 크게 제향 공간인 사당, 학문을 연마하는 공간인 강당 및 동재·서재, 잠시 밖으로 나와 거닐거나 쉬는 공간인 누정樓亭으로 구분할 수 있다. 우리나라 서원은 대체로 배산임수의 경사지에 입지하여 공간을 매우 효과적으로 배치하였다. 가장 위쪽 높은 곳에는 선현을 제향하는 사당을 배치하고, 그 밑에 강학하는 강당을 배치하고, 그 아래 동재·서재를 배치하고, 그 앞에 문루와 정자를 배치하여 자연과의 조화를 한껏 살렸다.

절에 가서 법당의 이름을 보면 그 법당에 어떤 부처를 본존불로 모시고 있는지를 알 수 있듯이, 서원도 강당과 문루의 이름을 보면 그 서원의 성격을 알 수 있다. 이는 그 서원에 모신 선현의 학문과 정신의 핵심을 취해 당명堂名과 문루명門樓名으로 삼기 때문이다.

덕천서원 전경

덕천서원 홍살문과 외삼문

덕천서원은 남명이 별세한 4년 뒤 1576년 문인 최영경崔永慶의 주도로 창건되었다. 처음에는 서원의 명칭을 이곳 지명에서 취해 '덕산서원德山書院'이라 하였는데, 1609년 중건을 한 뒤 사액이 내릴 때 '덕천서원德川書院'으로 바뀌었다. 강당의 이름은 남명학의 핵심인 경의敬義를 취해 '경의당敬義堂'이라 하였고, 문 이름은 『주역』에서 취해 '은자가 지조와 절개를 지키며 산 곳'이라는 의미로 '유정문幽貞門'이라 하였다. 『덕천서원지』에 1577년 담장을 쌓고 문루를 세웠다고 하였으니, 외삼문은 처음 누각으로 지었던 듯하다. 덕천서원의 현판 글씨는 당시 명필이었던 정인홍의 문인 배대유裵大維가 쓴 것이다.

조선 후기 의령에 살던 안덕문安德文은 이언적李彦迪을 모신 경주의 옥산서원玉山書院, 이황李滉을 모신 안동의 도산서원陶山書院과 함께 덕산서원을 '영남의 삼산서원三山書院'으로 일컬으며, 이 세 선생이 영남의 문화를 만든 장본인이라고 하여 함께 추숭하였다. 이러한 인식에 의해 조선 후기 경상우도 지역의 학자들은 남명과 퇴계가 나이도 같고 덕도 같고 학문도 같다고 하여 모두 유학의 정맥으로 보았다.

숭덕사崇德祠

서원은 선현에게 제사를 올리고 선현의 학덕을 계승하는 두 가지 기능을 위해 건립한다. 그래서 사당은 강당과 함께 서원에서 제

덕천서원 사당(숭덕사)

일 중요한 공간이다. 남명을 모셔 놓은 덕천서원 사당은 '남명의 학
덕을 숭배崇拜한다'는 뜻으로 '숭덕사崇德祠'라 하였다. 이곳에서는
해마다 중춘仲春·중추仲秋의 중정일中丁日에 춘향春享과 추향秋享을
지냈는데, 후대에는 3월과 9월 상정일上丁日로 바꾸어 지낸다. 숭덕
사는 정면 삼 칸의 건물이다. 사당 안 중앙에는 '남명조선생南冥曹先
生'이라 쓴 위패가 모셔져 있고, 동편에는 문인 최영경의 위패가 배
향되어 있다.

또한 1977년부터 남명 탄신일(음력 6월 26일)에 맞추어 매년 8월
덕천서원에서 남명제를 지냈다. 이 남명제는 2001년부터 '남명선비
문화축제'의 주요 행사로 전환되어 10월 둘째 주 토요일에 진행하
였으며, 2017년부터는 한국선비문화연구원에서 10월 셋째 주 토

요일에 개최하고 있다.

경의당敬義堂

『남명선생편년』 61세조에 의하면, "남명은 『주역』 「건괘乾卦-구삼효九三爻」와 「곤괘坤卦-육이효六二爻」에서 깨달은 것이 많았다."라고 하였다. 남명학의 핵심은 여기에서 실마리를 찾을 수 있다. 「건괘-구삼효-문언文言」에서 터득한 것은 동재와 서재의 이름인 진덕재進德齋과 수업재修業齋에 드러나 있고, 「곤괘-육이효-문언」에서 터득한 것은 경의당敬義堂에 드러나 있다.

『주역』 「곤괘-육이효」 효사爻辭에 "육이효는 직直하고 방方하고 대大한지라 학습하지 않아도 이롭지 않음이 없을 것이다.(六二 直方 大 不習 无不利)"라고 하였는데, 공자가 지은 「문언」에는 이를 풀이하여 "직直은 그것이 정직함이요, 방方은 그

것이 의로움이니, 군자는 경敬을 주로 하여 내면을 정직하게 하고 의義를 지켜 외면을 방정하게 하여 경과 의가 확립되면 덕이 외롭지 않다.(直 其正也 方 其義也 君子 敬以直內 義以方外 敬立而德不孤)"라고 하였다. 남명의 경의사상은 바로 이 구절의 '경이직내 의이방외敬以直內 義以方外'에서 취한 것이다.

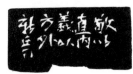

경이직내 의이방외(윤효석 作)

덕천서원 경의당

덕천서원 경의당 현판

　그런데 이 '경이직내 의이방외'는 주자로부터 주목되기 시작하여 퇴계와 남명이 다 같이 중시한 문구이다. 따라서 이 문구는 남명이 홀로 깨달은 남명의 전유물이라고는 할 수 없다. 다만 남명은 이 구절을 자기식으로 해석하여 칼자루에다 '내명자경 외단자의內明者敬 外斷者義'라고 새겨 넣었다. 이를 풀이하면, 내면의 덕을 밝히는 것은 경敬이고, 외적으로 일을 결단할 적에는 의리를 따른다는 말이다. 이는 내적으로 도덕적 양심을 함양하고 외적으로 사회적 정의를 구현하자는 것이니, 내외가 하나로 합하는 인간의 길을 제시한 것이다. 바로 여기에 남명학의 특징이 있는 것이며, 도덕적 양심을 함양하고 사회적 정의를 구현하는 것이 모두 실천을 중시한 것이어서 '실천유학'이라 하는 것이다.

지금 경의당에 걸린 현판의 글씨는 한말 하용제河龍濟가 쓴 것으로 전한다.

진덕재進德齋와 수업재修業齋

덕산서원을 창건했을 당시 동재는 '경재敬齋', 서재는 '의재義齋'로 명명했는데 이 역시 『주역』「곤괘-육이효-문언」의 '경이직내 의이방외敬以直內 義以方外'에서 취한 것이다. 일찍 주자도 이 문구를 취해 자양루紫陽樓 서재의 이름을 '경재敬齋'와 '의재義齋'라고 명명한 바 있다.

덕천서원 동재와 서재는 임진왜란이 끝난 뒤 다시 중건하여 1609년 완공되었는데, 이때 동재와 서재의 명칭도 '진덕재'와 '수업재'로 바꾸었다. 그것은 경재·의재가 강당의 이름과 중복되고, 또 남명이 『주역』「건괘-구삼효-문언」의 진덕進德과 수업修業에서 깨달은 바가 있었기 때문에 이를 아울러 드러내기 위한 것으로 추정된다.

진덕·수업은 『주역』「건괘-구삼효-문언」에 "군자는 덕을 진보하고 학업을 닦으니, 충신忠信은 덕을 진보시키는 방법이고, 말을 가다듬어 진실한 태도를 확립하는 것은 학업에 거처하는 방법이다.(君子 進德修業 忠信 所以進德也 修辭立其誠 所以居業也)"라고 한 데에서 취한 것이다. '충신忠信'은 공자가 자주 언급한 것으로 내면의 진정성을 확보하는 것이며, '말을 가다듬어 진실한 태도를 확립하는 것(修辭立其誠)'은 외적으로 그것을 실천하는 것이다. 즉 '진덕재'와 '수업재'라는 명칭은 마음을 진실하게 하는 충신忠信과 그것을 말로 표현할 적에 진실성을 확보하는 수사修辭, 두 측면을 동시에 강조한 것이다. 충신은 내면의 진정성을 확보하는 것이고, 수사는 그것을 표현할 적에 진실하게 드러내는 언행이다. 이는 마음 공부의 실천을 강조하는 의미가 있다.

또 남명의 독서기 『학기류편學記類編』에 실린 「역서학용어맹일도도易書學庸語孟一道圖」를 보면, 학문의 두 축으로 '진덕進德'과 '거업居業'을 내세우고 있는데, 진덕은 앎을 정밀하게 하는 유정惟精 공부에, 거업은 마음을 전일하게 하는 유일惟一 공부에 배치하였다. 이는 『중용』의 도문학道問學·존덕성尊德性의 공부처럼 진리 탐구와 심성 수양을 병행한다는 뜻이다. 이렇게 보면, 진덕재와 수업재는 진리 탐구와 심성 수양을 공부의 양대 목표로 제시한 것이라 할 수 있다.

지금 덕천서원의 진덕재와 수업재는 일제강점기 훼철된 서원을 복원하는 과정에서 일시에 동재와 서재를 짓지 못하고 따로따로 짓다 보니, 건축물의 규모와 형태가 서로 다르게 되었다. 그래서 지금

덕천서원 동재 진덕재

덕천서원 서재 수업재

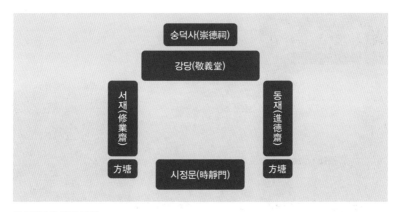

덕천서원의 공간 구성

의 동재와 서재는 훼철되기 이전의 동재·서재의 모습과는 매우 다르다. 지금 동재와 서재에 걸려 있는 현판 글씨는 근세 인물 최승락崔承洛이 쓴 것이다.

훼철되기 이전의 동재와 서재는 입구 쪽의 한 칸을 다락으로 만들어 동재의 다락은 '광풍헌光風軒', 서재의 다락은 '제월헌霽月軒'이라 하였다. 이는 황정견黃庭堅이 주돈이周敦頤의 인품을 '광풍제월光風霽月'로 형용한 말에서 취한 것이다. 남명은 25세 때 안회顏回의 길을 걷기로 한 뒤부터 성현의 학문에 뜻을 두었다. 남명은 주돈이의 광풍제월과 같은 흉금을 지향했기 때문에 그의 문인들이 그러한 정신세계를 본받고자 하여 동재와 서재의 다락 이름을 각각 '광풍헌'·'제월헌'이라 한 것이다. 지금은 그 모습을 찾아볼 수 없으며, 강당의 협실 이름을 '광풍헌'과 '제월헌'이라 붙여 놓았는데, 이는 본래의 모습과는 상당히 달라진 것이다.

유정문幽貞門, 시정문時靜門

덕산서원을 창건하고, 덕천서원으로 사액이 될 적에 외삼문의 이름은 유정문이었다. 유정문은 『주역』「이괘履卦-구이효九二爻」 효사爻辭에서 "걸어가는 길이 평탄하니, 깊숙이 고요하게 거처하는 사람이라야 의지가 견고하고 길할 것이다.(履道坦坦 幽人貞吉)"라고 한 데에서 취한 것으로, 은자의 정신적 지향을 드러낸 것이다. 즉 최영경 등이 덕천서원을 창건하면서 남명이 처사로서 지조와 절개를 견고하게 지킨 것을 상징적으로 표현한 것이다. 덕천서원을 창건하고 그 이듬해 문루를 지었다고 하였으니, 처음에는 문 위에 누각이 있는 건물이었던 듯하다. 다만 문門의 이름만 있고, 루樓의 이름이 없기 때문에 의문의 여지가 있다.

지금 외삼문에는 '시정문'이라는 현판이 걸려 있다. 처음 명칭인 '유정문'이 언제 지금의 '시정문'으로 바뀌었는지는 확실하지 않다. 17세기에 활동한 하철河澈이 '경의당敬義堂'과 '시정문時靜門' 여섯 글자를 서원의 문설주에 큰 글씨로 써서 걸었다는 기록[104]이 있는 것으로 보아, 17세기 후반에 이미 '시정문'으로 명칭을 바꾼 듯하다. 이때는 남명학파가 크게 위축되었던 시기이다.

'시정時靜'이라는 뜻은 어디에서 취한 것인지 전하는 것이 없다. '시時'는 '시의時宜'·'시중時中'··'시우時雨' 등의 '시時' 자처럼 '현실' 또는 '당시'라는 의미가 있다. 따라서 '시정'의 의미도 "시의時宜에 순응하여 고요히 존양存養한다.(順時靜養)"[105]는 뜻이 아닐지 추측해

덕천서원 외삼문

본다. '유정문幽貞門'의 '유幽' 자가 현실과 동떨어진 느낌이 들기 때문에 현실을 등지지 않았던 남명의 정신을 후인들이 오해할 우려가 있어서 바꾼 듯하다.

또한 남명이 중년에 기거한 뇌룡정雷龍亭은 그 이름을 『장자』의 '시거이용현 연묵이뇌성尸居而龍見 淵黙而雷聲'에서 취한 것인데, 이를 보면 남명 사상의 본질은 일상에서 깊이 침잠해 함양涵養하는 연묵淵黙에 있음을 알 수 있다. 이는 시대적 상황에 대처하는 삶의 방식으로, 동動보다는 정靜을 주로 하는 것이다. 이런 관점에서 보면, 시정時靜의 의미도 '시의에 따라 고요히 함양한다'는 의미로 이해할 수 있다. 남명은 자신의 정체성을 백이伯夷나 엄광嚴光과 달리 '공자를 배우는 사람'으로 정의하여 공자의 시중時中·시의時宜의 정신을 사상적 기반으로 하였으니, 그런 정신 지향을 드러낸 것으로 볼 수 있다.

네모난 연못과 연꽃, 그리고 소나무

서원이 훼철되기 이전 동재와 서재 끝의 마당에 있던 '네모난 연못(方塘)'은 덕천서원의 경관 이미지는 물론, 남명의 정신 지향을 단적으로 구현해 놓은 것이다. 방당을 만든 것은 주자의 「관서유감觀書有感」에 "반 이랑 네모 난 못에 거울 하나 생겨서, 천광과 운영이 함께 배회하네.(半畝方塘一鑑開 天光雲影共徘徊)"(『朱子全書』)라고 한 데에서 취한 것으로, 일상에서 늘 천리天理가 유행하는 것을 체득하여 본성을 거스르지 않고 순응하고자 하는 정신을 드러낸 것이다.

이러한 지향은 조선 시대 도학자들에게서 나타나는 보편적 성향으로, 주자의 정신을 본받아 정자 옆에 연못을 만들어 놓고 그 연못에 비친 천광·운영을 통해 늘 내 본성을 잊지 않으려 한 것이다. 그런데 서원의 공간에 이런 의미를 담아 놓은 경우는 좀처럼 찾아볼 수 없다. 덕산서원을 설계한 최영경 등이 천인합일을 일상에서 실천한 스승의 지향을 따르기 위해 이런 의미를 서원 안에 구현해 놓은 것이니, 다른 서원에서는 볼 수 없는 독특한 공간이라 할 수 있다.

함양 남계서원에도 동재와 서재 앞에 방당이 있는데, 이는 주돈이의 「애련설愛蓮說」에서 취한 것이며, 그 이름도 '연당蓮塘'이기 때문에 천인합일을 지향하는 정신을 구현해 놓은 것은 아니다. 함양 남계서원은 남명의 문인 강익姜翼의 주도로 만들어진 건축물인데, 남명이 중시한 『중용』의 정신을 교육이념으로 삼아 강당의 이름을 '명성당明誠堂'이라 하였다. 그리고 동재와 서재 끝 다락 앞에 네모난 연못을 만들어 놓았다. 이처럼 동재·서재 앞에 다락을 만들고 그 앞에 네모난 연못을 만든 구조는 남계서원과 덕천서원을 창건한 남명 문인들의 정신이 반영된 것으로 보인다.

　예전에는 덕천서원 방당의 못 안에 연꽃을 심고, 못가에 소나무를 심어 놓았었다. 이는 서원을 설계한 사람의 정신을 엿볼 수 있는 대목이면서 동시에 남명 정신의 핵심이 무엇인지를 알게 해주는 중요한 의미가 들어있다. 왜 못 안에 연꽃을 심고 못가에 소나무를 심었을까? 먼저 소나무를 심은 이유부터 살펴보기로 한다.

　소나무는 지조와 절개를 상징하기 때문에 조선 선비들이 매우 사랑한 식물이다. 특히 끝까지 자신의 지조를 굽히지 않으려 했던 남명은 소나무를 그 어떤 식물보다 사랑하였다. 남명은 백운동을 유람할 적에도 소나무를 심었고, 산천재 옆 강가에도 소나무 1백 그루를 심었다. 이러한 남명의 지향을 문인 최영경이 그대로 이어받아 덕천서원을 건립한 뒤 시냇가에 소나무를 심었는데, 후인들이 그 소나무를 최영경의 호를 따서 '수우송守愚松'이라 불렀다.

　이러한 고사를 보면, 덕천서원 방당 옆에 소나무를 심은 이유를 알 수 있다. 남명은 소나무처럼 언제나 변치 않는 지조와 절개를 중시했기 때문에 문인들이 덕천서원을 건립하면서 그 정신을 기리기 위해 연못가에 소나무를 심은 것이다.

그런데 연못에 연꽃을 심은 것은 어떤 이유에서일까? 남명은 백이·숙제叔齊 및 엄광의 청절淸節을 높이 추숭하면서도 자신의 정체성은 그들과 다르다는 점을 분명히 하였다. 어떤 사람이 남명에게 "당신은 엄광과 비교해 누가 더 낫다고 생각하느냐?"라고 묻자, 남명은 "아, 엄자릉嚴子陵(엄광)의 기절氣節을 내가 어찌 따라갈 수 있겠는가? 그러나 엄자릉은 나와 도를 함께 하는 사람이 아니다. 나는 이 세상을 잊지 못한 자로, 공자를 배우고자 하는 사람이다."라고 하였다.[106]

남명은 엄광을 '성인의 도를 추구하는 사람'으로 인정하였는데, 그것은 패도가 아닌 왕도를 지향했기 때문이다. 그런데 엄광은 왕도를 이상으로 하였지만 현실을 등진 사람이다. 그러므로 남명은 엄광과 구별하여 자신은 '세상을 잊지 못하는 자'라고 한 것이다. 백이·숙제·엄광은 모두 세상을 등진 인물이지만, 공자는 끝까지 현실을 등지지 않은 사람이다. 바로 여기에 자신의 정체성을 드러낸 것이다. 남명은 지리산 깊숙한 곳에 은거하였지만, 그것은 현실을 등진 것이 아니었다. 그가 서 있던 자리는 늘 현실의 가장자리였지, 현실을 등진 물외의 세상이 아니었다.

맹자는 역사적 인물을 논평하면서 이윤伊尹은 성지임자聖之任者로, 백이·숙제는 성지청자聖之淸者로, 유하혜柳下惠는 성지화자聖之和者로, 공자는 성지시자聖之時者라고 하였다. 이 중 유하혜는 이름이 전금展禽으로 더러운 임금을 부끄러워하지 않고, 낮은 벼슬자리를 사양하지 않고, 출사하여 자신의 어진 덕을 숨기지 않고 반드시 정당한 도리로써 공무를 처리한 인물이다. 또한 그는 현실의 여건에 상관하지 않고 적극적으로 현실정치에 참여하여 시대를 구제하려고 한 인물이다. 이러한 유하혜를 남명은 연꽃에 비유해 다음과 같이 읊었다.

연꽃에 유하혜 풍도가 있는 것이 사랑스러워,	只愛芙蕖柳下風
잡아당겨 보았더니 연못 벌 속에 뿌리내렸네.	拔而還止于潢中
고죽군은 생각이 편협해 응당 싫어하겠지만,	應嫌孤竹方爲隘
맑은 향기 멀리 뿌려 나에게까지 이른다네.[107]	遠播淸香到老翁

진흙 속에 뿌리를 내린 연꽃은 현실에 살면서도 자신의 지조를 잃지 않은 인물에 비유된다. 역사 속에서 유하혜가 그 대표적 인물이다. 남명의 마음은 바로 여기에 있었다. 즉 유하혜가 아무 때나 출사한 것을 취한 것이 아니고, 현실에 늘 시선을 두고서도 자신의 지조를 잃지 않은 점을 취한 것이다. 이것이 남명이 지향한 정신이다. 그래서 또 이렇게 읊었다.

꽃봉오리 늘씬하고 푸른 잎 연못에 가득한데,	華盖亭亭翠滿塘
덕스러운 향기, 누가 이와 더불어 향기를 낼까.	德馨誰與此生香
보게나, 저 연꽃 묵묵히 진흙 속에 있지만,	請看黙黙淤泥在
해바라기처럼 햇빛을 따라가지는 않는다네.[108]	不是葵花向日光

해바라기는 향일성向日性의 대표적인 식물로, 권력 지향적인 인물에 비유된다. 그런 무리 속에 있으면서도 자신을 잃지 않고 향기를 내는 사람, 이것이 바로 남명이 연꽃을 통해 찾은 자신의 정체성이다. 이것이 조선 선비의 전형을 이룩한 남명의 정신이다. 남명은 유하혜와 연꽃을 통해 자신의 정체성을 분명히 드러냈다. 그러므로 남명을 가까이서 모신 문인들은 그런 지향을 영원히 기억하고자 하여 동재·서재 앞의 연못가에 연꽃을 심었던 것이다.

연꽃과 소나무, 그 향기와 지조를 오늘날 덕천서원에서는 찾아볼 수 없다. 20세기 초 서원을 다시 중건할 때 남명의 정신을 잊어버린 것이다. 서원이 훼철된 지 60년이 지난 뒤에 서원의 옛 모습을 그대로 복원하기는 쉽지 않았을 것이다. 지금은 연못 자리에 목백일홍이 한 그루씩 심겨 있어 한여름이면 붉은 꽃을 피운다. 이러한 사실을 모르는 사람들은 백일홍을 보면서 예쁘다고 한마디씩 한다. 그러나 이러한 사실을 알고 나면 목백일홍이 더 이상 아름답게 보이지 않으니, 남명의 정신을 느낄 수 없기 때문이다.

세심정洗心亭, 취성정醉醒亭, 풍영정風詠亭

지금 덕천서원 앞에는 오래된 은행나무가 있고, 그 앞에 홍살문이 있고, 그 앞에 도로가 나 있다. 홍살문은 '홍전문紅箭門' 또는 '홍문紅門'이라고도 한다. 홍살문은 언제 어떤 연유로 세워지게 되었는지에 대해서는 정확한 설이 없다. 대체로 두 개의 기둥을 세우고,

그 위에 화살 모양의 살을 세우고, 그 중간에 태극 문양을 그려 넣는다. 대개 왕릉, 궁전, 관아, 서원 등의 정문 앞에 붉은색으로 칠해 세우는데, 악귀를 물리치고 신성한 곳임을 상징하는 표지이다. 서원 앞에 세우는 것은 선현의 위패를 모신 사당이 있기 때문에 경건한 마음을 갖게 하기 위해 세운 것으로 보인다.

홍살문 앞의 길 건너 시냇가에 세심정洗心亭이 있다. 예전에는 홍살문 앞에 길이 없었다. 세심정은 1582년 유종일柳宗日이 산천재 옆 상정橡亭을 본떠 지은 세 기둥의 초정草亭이었다. 세심정이라는 이름은 남명의 문인 하항河沆이 『주역』「계사전」의 "그러므로 시초점의 덕은 원만하여 신묘하고, 괘卦의 덕은 모가 나서 지혜롭고, 육효六爻의 뜻은 변역하여 길흉을 알려준다. 성인이 이로써 마음을 씻고 은밀한 곳으로 물러나 살며, 길흉에 대해 백성들과 더불어 걱정을 함께하여 신묘함으로써 미래의 일을 알고 예지로써 지나간 일을 간직한다."[109]라고 한 데에서 취한 것이다.

본디 세심정 자리는 최영경이 와서 노닐던 곳이고, 하응도의 집이 있던 곳이다. 『덕천서원지』에 의하면, 1582년 정자를 지어 '풍영風詠하고 유식遊息하는 장소'로 삼았다고 하였다. '풍영'은 공자의 제자 증점曾點이 "기수沂水에서 목욕하고, 무우舞雩에서 바람 쐬고, 시를 읊조리며 돌아오고자 합니다."[110]라고 한 데에서 취한 것으로, 자연의 이치에 동화되는 삶을 말한다. '유식'은 도를 구하겠다는 의지를 품고 공부하며 수양하다가 때로는 밖으로 나와 거닐거나 휴식을 취한다는 뜻이다.

덕천서원 세심정

　흔히 서원의 구조를 말할 적에 장수藏修의 공간은 강당과 서재로, 유식遊息의 공간은 정자나 문루로 설명한다. 그런데 유식은 오늘날의 휴식과는 그 의미가 다르다. 유식은 그냥 쉬는 것이 아니고 밖으로 나가 거닐거나 소요하면서 사색하거나 자연의 이치를 관찰하는 것이다. 유식하는 공간의 이름을 '세심정'이라 하였으니, 자연의 풍광을 바라보며 마음을 깨끗이 정화하는 사색의 의미를 담은 것이다. 이를 오해하여 다리를 쭉 뻗고 앉아 잡담이나 하는 것으로 착각해서는 안 된다. 근래 어떤 이는 세심을 '탁족濯足을 하기에 딱 좋은 곳'으로 풀이하였으니, 이는 본래의 의미와는 거리가 너무 먼 엉뚱한 말이다.

세심정은 1582년 처음 창건할 때 남명의 문인 하항河沆이 붙인 이름인데, 얼마 뒤 덕천서원 창건을 주도한 최영경이 '취성정醉醒亭'으로 이름을 바꾸었다. '취성'이란 굴원屈原의 「어부사漁父辭」에 "온 세상 사람들이 모두 혼탁한데 나만 유독 깨끗하고, 대중들이 모두 취하였는데 나만 유독 깨어 있었네."[111]라고 한 데에서 취한 것으로, 온 세상 사람들이 모두 흐리멍덩하게 취해 있더라도 나만은 또렷하게 깨어있어야 한다는 남명 정신을 반영한 것이다. 남명은 성성자惺惺子를 허리춤에 차고 다니며 마음이 혼몽한 상태에 빠지는 것을 경계하였는데, 최영경이 이 점을 중시하여 '취성정'이라 한 것이다.

이 세심정은 1592년 덕천서원이 소실될 적에 남아 있었으나, 1597년 정유재란 때 불에 타버렸다. 전쟁이 끝난 뒤 1609년 덕천

덕천서원 취성정: 취성정곡(94×60cm, 이호신 作)

서원을 중수하였고, 1611년 사우를 증축하면서 전에 사용한 목재를 가져다 취성정을 지었다.[112]

『덕천서원지』「창건사실創建事實」에 실린 이익운李益運의「풍영정기風詠亭記」에는 "임진왜란이 끝난 뒤 서원을 새로 중수할 적에 입덕문 서쪽 세심정 터 북쪽에 취성정을 새로 지었다. (중략) 그 취성정이 무너져 후손 조용완曺龍玩과 사림이 함께 중수하고 이름을 풍영정風詠亭으로 바꾸었다."[113]라고 하였으니, 1611년 중건한 취성정은 세심정 터에 지은 것이 아니고 북쪽으로 옮겨 지은 것을 알 수 있다. 또 취성정이 무너져도 중수하지 못하다가 1815년 비로소 중건하여 이름을 풍영정으로 바꾼 것을 알 수 있다. 이 시기는 남명학파가 와해하여 경상우도 지역 학문이 극도로 침체했던 때이다.

하진현河晉賢이 취성정에서 지은 시를 보면 "취성정은 세심정에 가까워 죽은 벗이 생각나고, 문은 입덕문으로 통하여 후세 현인을 계도하네."[114]라는 문구가 있으니, 세심정과 취성정은 독립되어 있었음을 알 수 있다. 또 하달홍河達弘의「유덕산기遊德山記」에도 "서원 문밖 수십 보쯤 되는 곳에 세심정洗心亭·취성정醉醒亭 두 정자가 있다. 시냇가에 가까이 붙어 있는데, 살천薩川(矢川)의 물은 서쪽에서 동쪽으로 흐르고, 홍계紅溪의 물은 북쪽에서 남쪽으로 흐르다 이곳에서 비로소 합류한다. 시퍼렇게 물이 고여 있는데 거울처럼 맑다. 실을 드리우고 넝쿨을 넣어보아도 못이 하도 깊어 깊이를 헤아릴 수 없다. 시내 위에는 무성한 숲이 있고, 숲밖에는 넓은 평야가 있다."[115]라고 하였다.

덕천서원 세심정과 「세심정기」(하수일 作)

　이를 보면, 19세기에도 세심정과 취성정이 나란히 있었으며, 취성정은 두 시내가 합류하는 지점 가까이 있었음을 알 수 있다. 따라서 지금의 세심정 자리에는 세심정이 있었을 듯하고, 그곳에서 합류 지점 쪽으로 조금 떨어진 곳에 취성정이 있었던 듯하며, 그 아래에 합류 지점에는 물이 깊이 고여 있는 못이 있었음을 알 수 있다.

지금은 취성정의 흔적을 찾아볼 수 없고, 세심정만 서 있다. 지금의 세심정은 언제 누가 지었는지 자세히 전하는 것이 없다. 현 세심정의 현판은 고려대학교 교수를 지낸 고 김충열이 쓴 글씨이다. 지금의 세심정에는 하수일河受一이 지은 「세심정기洗心亭記」가 목판에 새겨져 걸려 있는데, 그 내용은 다음과 같다.

『예기』에 "군자가 학문을 할 적에는 구도의 의지를 품고, 학업을 익히며, 쉬기도 하고, 노닐기도 한다."라고 하였으니, 대체로 의지를 품고 도를 닦는 곳이 있는 자는 반드시 노닐고 쉬는 도구가 있게 마련이다. 이것이 옛날의 도이다. 삼가 서원의 제도를 살펴보건대, 사당을 건립하여 제사를 밝게 지내고, 명륜당을 세워 인륜을 중시하고, 동재·서재를 두어 배우는 자들을 머물게 하니, 의지를 품고 도를 닦는 데에는 참으로 그에 걸맞는 장소가 있는 것이다. 덕천서원 남쪽에는 시내가 있다. 허공을 머금고 푸른빛이 엉켜있으며, 모여서 맑은 못이 되었다. 그 시냇가에 가면 기수沂水(공자 제자 증점이 목욕하던 곳)에서 목욕하던 흥취가 있다. 시냇가에 복숭아나무 숲이 있는데, 소나무와 노송나무가 섞여 있다. 그곳을 바라보면 무릉도원武陵桃源과 같으니, 참으로 노닐며 감상할 만한 아름다운 명승이다. 지금 우리 최 선생崔先生(최영경을 말함)이 매양 그 위에 와서 소요하였는데, 정자를 지어 노닐며 쉬는 도구로 삼으려 하였다. 그러나 서원을 건립하는 공사가 완공되지 않았기 때문에 성사되지 못하였다. 그 뒤 임오년(1582) 봄에 비로소 경영하여 정자가 완성되니, 경치가 더욱 기이하게 되었다. 시내는 그 맑음을 더한 듯하고, 물고기는 그 즐거움을 더한 듯하였다. 이에 각재覺齋(하항) 숙부께서 『주역』의 "성인은 이로써 마음을 씻는다.(聖人以此洗心)"는 뜻을 취해, 정자의 이름으로 삼았다. 이는 대체로 '물을 보는 데 방법이 있다(觀水有術)'는 의미를 거기에 붙인 것이다. 지금 저 물의 본성은 맑다. 더럽혀진 것은 씻어서 깨끗하게 하고, 검게 된 것은 씻어서 희게 해야 하므로 물가에 정자를 지은 것이다. 의지를 품고 도를 닦고자 하는 자도 마음속의 울적한 기운을 없애야 나의 호연지기를 잘 닦을 수 있다. 물로 인해 정자의 이름을 지어 노닐며 쉬는 사람들로 하여금 사물을 통해 자신을 돌아보아 날마다 새롭게 또 날마다 새롭게 자신을 변화시키게 하고자 한 것이다. 우리 고을 군자로서 이 정자에 오르는 이들이 선생의 유풍을 아련히 생각하여, 또한 정자 이름을 돌아보며 의리를 생각해서 마음을 맑게 하는 공을 능히 거둔다면 좋을 것이다. 나는 혼매하고 어리석은 소생으로서 참람하게 고루한 생각을 기록하였다. 그리고 다시 다음과 같이 노래한다.

이 높은 정자를 세우니,	興彼高亭
날개를 펼친 듯 날아가는 듯.	翼如翬如
노닐기도 하고 쉬기도 하니,	旣遊以息
군자가 거처하는 곳이로세.	君子攸居
넓고 넓은 이 시내,	浩兹溪流
옥처럼 맑고 거울처럼 텅 비었네.	玉潔鑑虛

군자는 이 이치로써,	君子以之
자기 마음에 돌이켜 구한다네.	反心求諸
맑고 밝음 내 몸에 있으면,	淸明在躬
나의 처음 본성 회복할 수 있으리.	可復吾初
혹시라도 그렇게 되지 않을 때는,	苟或不然
이 '세심洗心'이란 큰 글자를 보시게.[116]	視此大書

이 「세심정기」를 보면, 하수일은 '세심洗心'의 의미를 맹자의 '관수유술觀水有術'에서 찾고 있다. 눈앞에 흘러가는 물을 보면서 근원을 생각하고, 다시 그 물이 흘러 바다로 들어가는 귀결처를 생각하는 것이다. 공자가 시냇가에서 "흘러가는 것은 이와 같구나. 밤낮으로 쉬지 않고 흐르는구나."라고 하였는데, 이 말씀은 눈에 보이는 자연의 현상을 통해 그 이면의 원리를 보라는 것이다. 눈으로 보고 귀로 듣는 것을 전부로 생각하는 경우가 많은데, 그것은 지각의 작용에 불과하니, 그 본체를 꿰뚫어 보라는 말씀이다. 성현의 말씀에는 근본을 중시하여 근원을 돌아보며 나를 성찰하라는 내용이 많다. 그렇게 해야 나의 참모습을 발견할 수 있고, 진정한 삶을 살 수 있기 때문이다.

04
덕천서원 향사

숭덕사는 1576년 덕산서원德山書院을 창건할 적에 지었다. 이곳
에 남명 선생의 신위를 봉안하고 석채례釋菜禮를 행하였다. 처음 덕
산서원과 숭덕사를 창건할 적에 경영한 규모와 여러 사람이 일한
내력을 하항河沆이 상세히 기록해 놓은 『덕산지德山志』가 있었는데,
임진왜란 때 유실되어 그 상세한 정황을 알 수 없다.[117]

1592년 임진왜란 때 경의당과 동재·서재는 불에 타고 숭덕사
와 주사廚舍만 남았는데, 그것도 1597년 정유재란 때 소실되고 말
았다. 임진왜란이 끝난 뒤 1601년 서원을 중건하기로 결의하고,
1602년 사우와 신주를 다시 조성하여 1603년 가을에 위판位版을
봉안하고 석채례를 거행하였다. 1611년 경상우도병마절도사 최렴
崔濂의 도움으로 사우를 다시 증축하였다. 그것은 임진왜란 후 새로
지은 사당이 낮아서 제도에 맞지 않기 때문에 고쳐 지은 것이다.[118]

숭덕사에는 남명 선생 위패만 독향獨享되어 있었다. 그러다 임진
왜란 뒤 1603년 덕산서원을 복원하고, 1609년 덕천서원으로 사액
賜額된 뒤, 1612년 진주 유생 170여 명이 상소해 예전대로 최영경崔

덕천서원 숭덕사-내삼문   덕천서원 숭덕사 향사

永慶을 배향해달라고 청하여 윤허를 받아 최영경을 공식적으로 배향하게 되었다.

1870년 흥선대원군의 서원철폐령에 의해 덕천서원도 훼철되었다. 그로부터 50여 년 뒤인 1924년 도회道會에서 사우를 건립하기로 결의하여, 1926년 준공하고 1927년 3월 28일 위패를 봉안하였다. 1927년 다시 위패를 봉안할 적에 경비를 부담한 하씨河氏 문중에서는 하항·오건吳健·정구鄭逑·김우옹金宇顒을 추가로 배향하자고 주장하고, 남명 후손들은 남명 도학의 정통은 오건과 정구가 계승했기 때문에 최영경을 출향黜享하고 이 두 사람만 배향한다고 주장하여 합의를 보지 못하였다.

그리하여 남명 후손들은 당분간 남명만을 독향하자고 주장하다가, 1927년 3월 남명의 위패만을 봉안하고 최영경의 위패는 봉안하지 않았다.[119] 이에 따라 지역 유림 사회는 심각한 갈등이 있었다.

그런 우여곡절을 겪은 뒤 2013년 후손과 유림의 뜻에 따라 최영경의 위패를 다시 숭덕사에 배향하였다.

현재 덕천서원에서는 봄과 가을로 춘추 향사를 지내는데, 춘향春享은 음력 3월 상정일上丁日에, 추향秋享은 음력 9월 상정일에 지낸다. 하홍도河弘度가 지은 남명 선생 상향축문은 다음과 같다.

도는 중용에 의지하셨고,	道依中庸
학문은 경의를 성취하셨네.	學成敬義
초야에 은둔해 형통하셨으니,	以遯而亨
백세에 길이 이어지리.[120]	百世以俟

수우당 선생의 상향축문은 다음과 같다.

아, 수우당 선생이시여,	嗚呼先生
학문은 위기지학 힘쓰고	學務爲己
식견은 명쾌한 데 나가셨네.	識造明決
도를 보존하고 지조 지키니	道存守爲
그 공 벽이단과 같습니다.[121]	功侔距闢

05
순례자의 감회

백대에 전해질 높은 풍도

남명이 별세한 뒤 덕천서원을 찾아온 순례자들의 시선에 비친 서원의 모습, 그리고 그들이 뭉클한 감흥을 노래한 시에 드러나는 정서는 시대 상황에 따라 다르게 나타난다. 남명의 문인들이 활동하던 시기에는 임진왜란을 겪고, 또 덕천서원이 소실되었기 때문에 안타깝게도 덕천서원에 찾아와 감회를 노래한 시가 거의 남아 있지 않다.

16세기에 활동한 민백기閔百祺는 서원에 찾아와 사당에 참배한 뒤 이렇게 노래했다.

방장산 안에서 덕천서원을 물었더니,	方丈山中問德川
고인이 은거하시던 백운 가에 있다 하네.	古人棲息白雲邊
백대에 전해질 고풍은 흘러 다하지 않으며,	百代高風流不盡
세심정 아래에는 냇물이 끊임없이 흐르네.[122]	洗心亭下水涓涓

민백기는 남명학을 '백대에 전해질 고풍'이라 하였다. '백대에 전해진다'는 말은 불변의 진리를 의미한다. 작자는 이런 감회로 서원 앞의 시냇물을 바라보며, 고풍이 시냇물처럼 마르지 않고 영원히 후세에 전해지길 바랐다.

덕산서원은 지어진 지 불과 16년 만인 1592년 소실되었다. 임진왜란 때 경상우도 지역은 왜구의 분탕질로 참혹한 화를 당했다. 이 지역 지식인의 정신적 귀의처였던 덕산서원이 불에 탔으니, 그 허탈함은 이루 말할 수 없었을 것이다. 그리하여 임진왜란이 끝나자 곧바로 남명의 문인들은 서원 복원에 나섰다. 1602년부터 이정李瀞·진극경陳克敬·하징河憕 등이 덕산서원 중건을 주관하여 마침내 1609년에 완공하였다. 그리고 이해에 덕천서원德川書院으로 사액되었다. 1611년에는 새로 지은 사우가 비좁아 다시 사우를 증축하였고, 문루와 정자를 새로 지어 완전히 옛 모습을 되찾았다.

그러자 남명의 후학들은 앞다투어 덕천서원을 찾아왔다. 이때 조지서趙之瑞의 증손 조겸趙㻩은 서원에 와서 사당에 배알하고서 "방장산은 지금까지 우뚝 솟아 푸르니, 늠름하여 천년토록 선생 모습 상상하네."[123]라고 하였다. 남명이 천왕봉처럼 우뚝하고 푸르러 영원히 이 나라의 사표가 될 것이라고 상상한 것이다.

또 동시대 하홍도는 덕천서원 향사에 참석한 뒤 지은 시에서 "예의는 실질을 행하여 성실을 말미암고, 서속 밥 오직 향기로워 덕향이 남아 있네. 동서 재실의 계단은 가지런한 줄 알겠고, 세심정 눈에 환하니 영령이 살아계신 듯."[124]이라고 하여, 덕천서원 향사가 지극한 정성으로 행해지고 있음을 노래하였다. 그는 또 1644년 추향에 참석한 뒤의 감회를 노래한 시에서 "지리산 기슭 천년을 전해질 곳에서, 취했다가 깨어나 사흘 동안 머물렀네. 의지해 귀의하니 분수 있음을 알겠고, 묘하게 합하니 어찌 말미암지 않으리."[125]라고 하여, 남명의 도학을 따르고자 하는 의지를 새롭게 하였다.

18세기 문정유文正儒는 덕천서원을 찾아 사당에 참배하고서 다음과 같이 노래했다.

맑은 기운이 남방의 두류산에 모여,	淑氣鍾南紀
세상에 보기 드문 남명 선생을 낳았네.	間世生夫子
천인벽립의 우뚝하고 높은 기상은,	壁立千仞像
거의 우리 맹자의 경지에 이르렀네.	庶幾我孟氏
한칼에 선악을 분명히 절단하니,	一刀截兩段
고경이 바로 선생의 스승이었네.	古經卽南指
큰 도는 진실로 멀리 있지 않으니,	大道諒未遠
성신과 명선 참으로 나에게 달린 것.	誠明寘在己
두려운 마음으로 방울소리에 경동하고,	惕惕警囊鈴
늠름하게 물 담긴 잔을 받들고 정진했네.	凜凜奉杯水
(중략)	
성대한 덕이 방장산과 가지런하여,	盛德齊方丈
천년토록 사람들이 우러러보리.	千載景仰止
옛 거문고에 남은 소리 끊어졌으니,	古桐絶遺音

나의 거문고 줄 누가 높이 다스리리.[126]   我絲誰危理

문정유는 남명의 천인벽립의 기상이 맹자의 경지에 이른 것으로
논평하고, 남명이 『중용』의 명선·성신을 통해 자기의 학문을 수립
하였다고 보았다. 성성자를 차고 다니며 그 방울소리를 듣고서 두
려운 마음으로 늘 긴장하던 남명 생전의 모습, 물잔을 들고 늠름하
게 정진하던 남명의 모습을 떠올린 것이다. 그리고 자기 시대에 그
도가 쇠한 것을 못내 안타까워하고 있다.

순례자들은 서원에 이르러 봉심奉審을 하고 알묘謁廟를 하였다.
지금은 두 번 넙죽 절을 하고 말지만, 예전 사람들은 평생 한 번 만
나 보고 싶은 스승을 만나는 것이었으니, 그 감회는 우리가 상상하
는 것 이상이었다. 그래서 감격하여 눈물을 흘리기까지 하였다. 지식
이 목마르던 시대에는 선재 동자가 선지식을 두루 찾아다녔듯이 선
각자가 그리운 법이다. 돈과 권력에서 한 발 물러나 인간의 진정한
삶을 생각해 보면, 지금도 여전히 선각자가 그리운 시대이다. 선각
자는 어느 시대나 있는데, 오늘날에는 선각자를 찾는 사람이 없다.

도학의 정맥이 추락하려 하네

남명학파는 1623년 계해정변으로 서인이 집권한 뒤 와해되었
다. 남명의 수제자로 일컬어진 정인홍鄭仁弘이 처형을 당한 뒤, 정치
적으로 몰락하였을 뿐만 아니라, 학문적으로도 침체하였다. 남명의

재전 문인 대까지는 그나마 명맥을 이어갔지만, 그 이후로는 각자 도생의 길을 모색하여 정치적으로는 서인화 또는 남인화하였고, 학맥으로는 율곡학맥이나 퇴계학맥에 소속되었다.

그리하여 18세기로 넘어오면 경상우도 지역에 근거를 둔 남명의 후학들은 사기가 극도로 침체하였다. 이 시기에는 덕천서원의 원장을 선임하기도 어려웠다. 그리하여 18세기 전반기에는 진주목사나 인근의 현감을 원장으로 청하기도 하였으며, 한동안 원장 자리가 비어 있기도 하였다. 또한 경북 상주에 살던 이만부李萬敷, 칠곡에 살던 신명구申命耉 같은 학자를 원장으로 초빙하기도 하였다. 이 시기에 활동한 권중도權重道는 당시 덕천서원 원장이었던 신명구와 함께 서원에서 감회를 다음과 같이 노래하였다.

인을 닮은 산 빼어나고 지혜 닮은 물 맑은데,	仁山智水秀而淸
우리 유학의 도 천년토록 후생을 흥기시키네.	斯道千年起後生
입덕문이 열려 있어 바른길을 찾을 수 있고,	入德門開尋正路
세심정이 예스러워 높은 명성 우러를 수 있네.	洗心亭古仰高名
산수가 완연히 선현의 자취를 간직하고 있어,	林泉宛帶先賢躅
글 읽는 소리, 학덕 높은 분 말씀처럼 은미하네.	絃誦微茫大雅聲
한 정맥의 연원이 오늘날 추락하려고 하니,	一脉淵源今欲墜
솔바람과 명월도 모두 슬픈 감정을 띠었네.[127]	松風梧月摠含情

권중도는 입덕문에서 정로正路를, 세심정에서 고풍高風을 느끼면

서 덕산동의 산수에 남명의 자취가 깃들어 있는 것을 실감한다. 그것은 남명을 추앙하여 본받고 따르려 하기 때문이다. 그런데 그의 눈에 비친 당대의 분위기는 쓸쓸하다. 시인은 남명의 도학이 추락하는 현실을 슬퍼하여 오동나무에 걸린 밝은 달과 소나무에서 불어오는 청량한 바람조차 침울한 모습으로 그려내었다. 이것이 18세기 이 지역 학자들이 덕천서원에 찾아와 느꼈던 소회이다.

이러한 분위기는 김창흡金昌翕이 지리산을 유람하다가 덕천서원에 들러 노래한 "아름답구나! 산수가 잘 어우러진 자리, 진실로 은자가 선택한 땅으로 알맞네. 서원 앞을 지나는데 글 읽는 소리 들리지 않고, 떨어지는 해만이 대문을 쓸쓸히 비추고 있네."[128]라고 한 시에서도 잘 드러난다.

19세기 전반 진주에 살던 문상해文尙海는 덕천서원에 배알하고서 다음과 같이 감회를 읊었다.

입덕문 앞으로 나그네들 찾아오지 않으니,	入德門前客不來
선생이 다니시던 길 푸른 이끼에 묻혔네.	先生行路鎖靑苔
가련타 요순 시대의 군민으로 만들고자 한 계책,	可憐堯舜君民計
산간의 달만 황량하게 높은 대를 비추누나.[129]	山月荒凉照古臺

남명학이 침체한 시대에는 서원을 찾는 학자들의 발길도 뜸했던 듯하다. 그래서 덕산으로 들어가는 길목의 입덕문 길이 이끼에 덮였다고 하였다. 이를 본 시인은 마음이 매우 상했던 듯하다. 그리하여

임금을 요·순 같은 임금으로 만들고, 자기 시대 백성들을 요·순 시대 백성들처럼 만들고자 한 남명의 꿈이 텅 빈 공산에 남아 있음을 한탄하였다.

19세기에 활동한 박후대朴厚大 역시 덕천서원을 찾아 배알하고서 다음과 같이 노래했다.

덕으로 산 이름을 삼고 덕으로 시내 이름 삼았으니,	德以爲山德以川
선생이 머물러 사시며 이 동천을 즐기셨구나.	先生止止樂夫天
천추토록 그 높은 발자취 계승한 사람 없어서,	千秋高躅無人繼
부질없이 밝은 냇물과 높은 산만 남아 있네.[130]	空有澄然與崒然

박후대는 덕천서원이 있는 곳의 산천이 덕산德山·덕천德川인 점을 부각하며, 이곳이 바로 도덕군자가 살던 도학의 성지임을 드러내었다. 그러나 자기 시대에 그 도를 계승하는 사람이 없어 덕산과 덕천만 남아 있는 것을 슬퍼하였다. 남명의 후학들은 계해정변 이후부터 19세기 중반까지 매우 침체하였는데, 이 시기 이 지역 학자들이 덕천서원에 와서 느낀 소회는 이처럼 쓸쓸하고 애잔하다.

덕천서원을 복원한 뒤의 강회

이런 인식은 조선이 망하고 일제가 강점한 시기에도 그대로 이어졌다. 그리하여 1927년 덕천서원이 중건되자, 덕천서원에서 다시

강회가 열렸다. 권재규權在奎는 당시의 강회에 참석하였다가 다음
과 같이 노래하였다.

남명 조 선생을 만나 뵐 수 없어서,	不見曹夫子
문에 들어서니 아련한 느낌 많아지네.	入門曠感多
이 행단은 정맥을 전한 자리이고,	杏亶傳正脈
복사꽃 뜬 냇물엔 남긴 노래가 있네.	桃水有遺歌
문명이 융성한 운수 지금 막 만났는데,	奎運今纔值
좋은 벗들 다행히 함께 모여 연마하네.	良朋幸共磨
선생의 지결 경의 두 자에 분명하니,	分明敬義字
이 참된 지결에 다시 무엇을 덧붙이랴.[131]	眞訣更無加

권재규는 남명의 학문을 정맥으로 보고 있으며, 그 핵심이 경·의
두 글자에 있다고 노래하였다. 이처럼 남명의 참된 지결을 지키는
것을 이 지역 학자들은 사명처럼 생각하고 있었다. 그리고 그런 정
신은 아직도 경상우도 지역에 면면히 이어지고 있다.

세심정에서의 감회

『덕천서원지』에는 1592년 왜적에 의해 덕천서원이 소실될 적에
사우祠宇·주사廚舍만 남아있었다고 기록되어 있는데, 인근 수곡에
살던 하수일河受一의 시에는 "임란 뒤에 처음 서원을 찾았는데, 시

냇가에 유독 세심정만 남았구나."[132]라고 하였다. 이를 보면, 세심정도 불에 타지 않았던 듯하다.

덕천서원이 왜적에 의해 소실된 뒤 덕산을 찾는 순례자들은 천왕봉과 덕산의 산수에서 남명 정신을 찾으려고 하면서 남명학이 변치 않고 지속되기를 간절히 염원하였다. 하수일은 잿더미가 된 덕천서원에 찾아와 다음과 같이 노래했다.

소나무 계수나무의 맑은 그늘 옛 산에 가득한데,	松桂淸陰滿舊山
은거하던 군자 보이지 않아 눈물이 줄줄 흐르네.	幽人不見涕潸潸
그 전범이 단지 방장산에 남아 있을 뿐인데,	儀刑只有餘方丈
만고 변치 않을 푸른 모습으로 참되게 서 있네.[133]	眞立蒼蒼萬古顏

남명의 법도가 방장산에만 남아 있어 만고에 변치 않고 푸르다고 한 대목은 시인의 정신이 깃들어 있는 곳이다. 작자는 눈물을 흘리면서 산수에 스미어 있는 남명 정신을 찾아 그것을 지키겠다고 다짐하고 있다. 얼마나 남명을 존모하였기에 이처럼 눈물을 줄줄 흘렸을까. 임진왜란 직후 덕천서원을 찾아온 남명의 후예들은 이렇게 눈물을 흘렸다.

정인홍의 문인으로 합천에 살던 박인朴絪은 1628년 세심정을 중건한 뒤에 찾아와 아래와 같이 읊었다.

사당 모습 우뚝해 엄연히 앞에 계신 듯,	廟貌巍然儼若臨

천왕봉 밑에 구름 낀 숲이 옹립해 있네.　　　　　天王峰下擁雲林

제군들 산수 찾아 물결처럼 떠나지 말고,　　　　諸君莫浪尋山水

곧장 세심정 앞에 이르러 마음을 씻게나.[134]　　直到亭前要洗心

　　박인은 1636년 『산해사우연원록山海師友淵源錄』을 편찬한 남명 학파의 주요 인물이다. 그는 복원된 세심정에서 그 의미를 되새기며 심성을 수양해 덕성을 기를 것을 노래하였다. 이것이 남명 정신을 계승하는 길이다.

　　한편 18세기 단성에 살던 김돈金墩은 세심정에서 감회에 젖어 "산해 선생의 은미한 말씀 사라졌지만, 이 세상에는 호연지기가 남아 있네. 어두운 거리 향해 사람들은 달려가는데, 선생이 남긴 실마리에 번민만 더해가네."[135]라고 하여, 당시의 침체한 유교문화에 한숨지으며 세심洗心의 의미를 가슴에 되새겼다.

　　남명학이 침체한 18세기에 이 지역 학자들이 세심정에서 노래한 시를 보면, 대체로 남명의 학문은 정자程子-주자朱子의 연원을 이은 도학의 정맥正脈으로, 산수에 그 도덕이 남아 있어 없어지지 않고 영원히 전할 것이며, 세심정 앞의 맑은 시내가 속진의 마음을 깨끗이 씻어줄 것이라는 정서를 노래하고 있다.

　　한말 이곳을 찾아온 기호지방의 학자 송병순宋秉珣은 세심정에서 다음과 같이 읊었다.

옛날 현인이 소요하며 쉬시던 곳,　　　　　　昔賢游息地

시내 따라 오는 길에 또 산문이 있네.	智路又仁門
천인벽립의 산에서 남은 기상을 보고,	壁立瞻遺像
흐르는 냇물에서 활수의 근원을 묻네.	川流問活源
천년의 발자취를 자세히 어루만지고,	細摩千載蹟
한마음 보존한 것에 크게 깨우치네.	大覺一心存
세상에 기이한 곳 없다 말하지 말게,	莫道無奇絕
빈한한 장부 번뇌를 씻을 수 있으니.[136]	貧夫可滌煩

송병순은 세심정에서 남명의 도덕을 기리며 산에서 천인벽립의 기상을 엿보고 냇물에서 활수의 근원을 생각하는 심경을 노래했다. 즉 나라가 망하고 도가 망하는 시점에서 다시 근원에 대해 회고한 것이다. 그리고 남명 정신이 스미어 있는 덕산을 도가 망하지 않고 보존된 기이한 곳으로 칭송하고 있다. 구한말 나라가 망하고 도가 없어지는 시점에서 도학을 지키려고 하던 학자들의 마음이 고스란히 담겨 있다.

세심정 가의 수우송守愚松을 보며

최영경은 덕천서원을 창건하고 세심정을 지은 뒤 시냇가에 손수 소나무를 심었는데, 그의 호를 따서 '수우송'이라 불렀다. 소나무는 불변의 지조를 상징할 뿐만 아니라, 남명이 특별히 좋아하던 나무이다. 그래서 이 수우송은 덕천서원 앞의 구경거리가 되었다.

17세기 후반 산청 법물리에 살던 김석金碩은 세심정 옆의 노송을 보고 감흥이 일어 아래와 같이 읊었다.

선사가 떠나신 지 이미 오래되었으니,	先師沒已遠
누가 다시 문호 많은 것을 안정시키리.	誰復定多門
밤길에, 하늘에는 달도 뜨지 않았는데,	夜路天無月
흘러가는 시냇물이 근원에서 고갈됐네.	沿洄水渴源
시경, 서경을 새로 배우며 암송하는데,	詩書新學誦
본받을 법도로 노송이 남아 있구나.	儀標古松存
티끌 같은 세상의 시끄러운 인간사를,	塵世囂囂事
정령께서는 번민하지 않으실 듯.[137]	精靈倘不煩

김석은 남명학이 침체한 시대에 도가 어두워진 것을 탄식하다가 세심정 가의 노송을 보고서 그 소나무에서 남명의 기상과 정신을 발견하였다. 그래서 노송을 통해 남명의 정신을 본받고자 하는 마음을 드러냈다.

이처럼 선현의 유적지에는 나무 한 그루도 그 정신을 지니고 있어 누군가에게 깨달음을 주게 되니, 가볍게 여겨서는 안 될 것이다. 그런데 안타깝게도 지금은 세심정 가에 남명의 기상을 닮은 소나무를 찾아볼 수 없다. 다행히 최근에 소나무 몇 그루를 시냇가에 심었으니, 남명의 기상을 보여주길 기다릴 뿐이다.

17세기 말부터 18세기 초에 활동한 손명래孫命來는 '수우송'을

덕천서원 앞 시냇가의 수우송

노래한 시를 남겼는데, 그 시의 소주에 "최수우당이 심은 소나무가 덕천서원 앞 시내 남쪽 언덕에 있는데 태풍에 부러졌다. 근래 새 줄기가 한 자쯤 자랐다."[138]라고 하였으며, 그 시에 "유래가 있는 빼어난 소나무를 바람이 기필코 부러뜨렸으니, 외로운 신하의 충성은 절로 세상에 용납되기 어렵구나. 조물주는 어떤 의도가 있어서 새 싹을 틔우는 것이리니, 모든 초목의 으뜸인 하늘까지 솟은 소나무를 보리라."[139]라고 하였다. 그는 부러진 그루터기에서 새로 난 소나무를 보며 다시 수우당의 천인벽립의 기상을 볼 수 있기를 염원하였다.

우리가 이런 염원과 각오를 하지 않으면 진리는 세상에 전해지지 않고 녹슨 유물처럼 땅속에 묻히고 말 것이다. 그래서 그 기억을 되살려 주는 소나무와 같은 상징물이 있어야 한다.

취성정에서의 감회

'세심정'은 서원을 창건할 때 하항이 붙인 이름인데, 얼마 뒤 최영경이 '취성정'으로 바꾸었다. 그리고 정유재란 때 소실되었다가, 1611년 다시 중건하고서 '취성정' 현판을 달았다. 그런데 앞에서 언급했듯이, 언제부턴가 세심정과 취성정은 독립된 별개의 정자로 나란히 서 있었다.

그러나 17~18세기 이 지역 학자들이 지은 시문 속에는 '취성정'이 잘 나타나지 않고, 대신 '세심정'이 자주 등장한다. 남명학고문헌시스템에서 '취성정'으로 검색하면 기사명에 5편의 시가 나올 뿐이다. 그러나 '세심정'으로 검색하면 82건이나 나온다. 앞에서 살펴보았듯이 1815년 취성정 터에 정자를 중건하고 '풍영정'으로 이름을 바꾸었는데, 그 이전에 취성정이 무너져 중수되지 못하고 한동안 방치되었음을 알 수 있다. 요컨대 취성정은 18세기까지 존재하다가 어느 시기에 파괴되고 훼손되었는데 오랫동안 중수되지 못한채 방치되었고, 1815년 이후로는 '풍영정'으로 이름이 바뀌어 그 정체성을 잃어버린 것이다.

취성정을 찾은 순례자들은 이 정자의 명칭을 음미하며 남명을 회고하였는데, 하익범河益範은 취성정에서 다음과 같이 읊었다.

한가한 날 진경 찾아 이 취성정에 올라,	暇日尋眞上此亭
남명 선생의 지결인 성성의 의미를 묻네.	先生旨訣問醒醒
아 세상 사람들은 혼몽한 데 취한 지 오래,	嗟爾世人昏醉久
바라건대 천년토록 이 명칭을 돌아보았으면.[140]	願言千載顧玆名

하익범은 세심정에 올라 현판에 걸린 시에 차운하였고, 취성정에 올라 현판에 걸린 시에 차운하였으니, 그가 살던 시기에는 두 정자가 나란히 존재했음을 알 수 있다. 하익범은 남명이 허리춤에 성성자를 차고 다니며 마음을 혼몽하게 하지 않았던 것을 남명학의 지결로 보면서, 속된 욕망에 사로잡혀 술에 취한 것처럼 혼몽한 상태

두류산양당수 시비

로 살아가는 사람들을 걱정하고 있다.

조금 후대의 하진현河晉賢도 취성정에서 "대중들 취해 긴 밤 같은 암흑 세상을 가련히 여겨, 홀로 깨어나서 일심의 천리를 한가로이 지키셨네."[141]라고 하면서 남명학의 지결이 혼몽한 상태에 마음을 두지 않고 늘 또렷이 각성한 상태를 유지하는 것으로 보았다. 하진현도 세심정과 취성정에 올라 모두 시를 지었으니, 그가 살던 시대에도 두 정자는 별도로 존재했음을 알 수 있다.

덕천서원에서 남명의 정신을 느낄 수 있는 건축물 중 하나가 취성정이다. 취성정의 의미는 '혼몽함에서 깨어나 세상의 이치를 바르고 분명하게 보라'는 뜻이니, 어느 시대나 지식인들이 자신을 돌아보기에 더없이 좋은 이름이다. 그런데 안타깝게도 이러한 정신을 느낄 수 있는 취성정은 오래도록 복원되지 못하고 있다. 취성정을 본 사람도 없고, 그 이름을 아는 사람도 없기 때문이다. 그러나 역사 기록을 통해 그 사실을 다시 알게 되었으니, 이 글을 읽고 이 일을 솔선하여 취성정을 복원하는 역사적인 일을 할 분이 나타나기를 간절히 소망한다.

06

덕천서원 훼철과 복설

훼철된 서원의 터를 보면서

조선 후기로 내려오면 서원을 마구 건립하여 여러 가지 폐단이 발생하였다. 이에 조정에서는 서원의 신설을 금지하였고, 급기야 고종 대에 이르러 대원군이 서원철폐령을 내렸다. 당시 덕천서원도 훼철 대상에 포함되어 1870년 훼철되는 비운을 맞이하였다.

덕천서원은 남명 도학의 본거지로서 남명학파 및 경상우도 지역학자들에게는 정신적 귀의처였다. 그런데 하루아침에 서원이 훼철되자, 이 지역 학자들은 허탈하고 슬픈 마음을 금할 수 없었다. 이때의 심경을 최숙민崔琡民은 "은행나무 꺾이고 행단 바위 무너지니, 소나무는 죽고 뜰의 이끼만 시퍼렇네. 이 땅이 어떤 곳이던가, 방황하며 돌아갈 수가 없네. 원로들이 무너진 담장 밑에 모이고, 유생들은 잡초 사이에 서 있네."[142]라고 하였다. 이처럼 덕천서원 훼철은 당시 이 지역 유림을 공황 상태로 빠뜨렸다.

의령에 살던 안익제安益濟도 헐려버린 덕천서원을 바라보고 개탄하며 아래와 같이 노래하였다.

봄풀은 무성하고 옛 서원은 폐허가 되었는데,　　春草離離古院墟
석양녘에 나도 모르게 눈물이 소매를 적시네.　　斜陽不覺淚盈裾
남은 향기 아름다운 자취 이제 어디서 보리,　　餘芬美躅今何覩
오직 맑은 풍도 있어 은행나무에서 불어오네.[143]　　惟有淸風杏樹墟

안익제는 석양녘에 폐허가 된 서원 터에서 눈물을 줄줄 흘리며
이 시를 쓴 듯하다. 전 왕조의 왕궁 터가 무너져 잡초가 무성한 폐
허가 되었듯이, 찬란한 정신문화가 깃든 서원이 하루아침에 헐려
잡초가 무성하게 되었으니, 이런 모습을 보는 남명 후학들의 심경
이 얼마나 쓰라렸을까. 그러나 그는 서원 터 앞에 남아 있는 은행
나무를 보며 맑은 풍도를 잃지 않으려 다짐하고 있다. 참으로 슬픈
정경이다.

박태형朴泰亨도 덕천서원의 터를 지나며 슬픈 마음으로 "고상한
현인을 사모하기에 덕천을 향했는데, 서원의 건물 매몰된 지 이미
오래되었구나. (중략) 이끼 낀 비석 한편에 쌓아둔 것만 보일 뿐, 안
타깝게도 숲속의 나무들만 천년토록 서 있구나."[144]라고 하였으며,
안종창安鍾彰도 폐허가 된 덕천서원의 터를 지나며 "비바람이 처량
하게 내려 고목도 비탄에 잠긴 듯, 큰 종소리 한번 끊어진 뒤 밤이
어찌 그리 더딘지."[145]라고 하였다.

이처럼 순례자들은 폐허가 된 덕천서원에 찾아와 비감에 젖어

노래하였다. 그러나 그들은 언제나 변치 않고 우뚝 서 있는 천왕봉에서 남명의 기상을 느끼고, 덕산 일대의 산수에서 남명의 기상과 정신이 스미어 있음을 느꼈다. 예컨대 안익제는 슬픈 마음을 추스르며 다음과 같이 노래했다.

삼십 년 동안 이미 상전벽해의 변화를 겪어,	三十年間已海桑
근래에는 서원의 모습이 배나 황량해졌구나.	伊來物色倍荒凉
강상을 부지하던 서원은 토끼가 풀 뜯는 들판 되었고	綱常垣作兎葵野
선현께 향사하던 터는 사슴이 뛰어노는 마당 되었네.	俎豆墟爲鹿睡場
선생이 손수 심으신 은행나무 예전처럼 파랗고,	手植杏亭依舊翠
두류산의 산색도 지금까지 변함없이 검푸르네.	頭流山色抵今蒼
선조 의암공께서 덕천서원 그려다 집에 걸어두셨으니,	先祖宜菴移畵揭
청컨대 그대들 우리 집 마루에 가서 서원을 완미하세.[146]	請君歸玩我家堂

이 시에 보이는 '의암공'은 안익제의 고조부 안덕문安德文을 가리킨다. 안익제는 서원 앞의 푸른 은행나무와 주변의 지리산 푸른 산색은 아직 변치 않았다고 생각하며, 남명의 도학이 아직 망한 것이 아니라고 판단하고 선조가 그려다 놓은 「덕천서원도德川書院圖」가 집에 있으니 그 그림을 완미하며 남명의 도학을 이어가자고 다짐하고 있다. 눈물이 나도록 가슴 아픈 장면이다. 그러나 우리 조상들은 이런 마음으로 역경을 극복해 왔다. 그래서 남명의 도학이 아직 전해지고 있다.

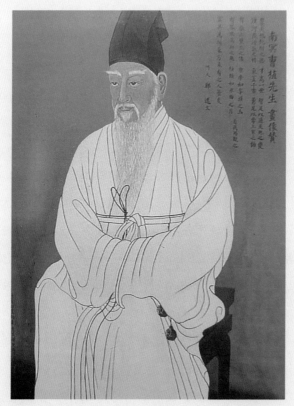

남명 선생 영정
(조원섭 作, 장우성 화백이 그린 흉상을 바탕으로 다시 그림)

안익제처럼 당시 지식인들은 마음을 다잡고 지리산의 기색에서 남명의 도가 끊어지지 않고 이어질 것을 생각하고, 서원 앞 은행나무에서 맑은 풍도를 생각하고, 빼어난 산봉우리에서 문명의 기상을 느끼고, 활발히 흐르는 시냇물에서 도의 근원이 마르지 않으리라는 점을 상상하였다. 그러면서 어떤 순례자는 집에 가서 서책을 통해 무너진 도를 이어가자고 다짐하고, 어떤 순례자는 남명의 문장이 남아 있어 일월처럼 변치 않으리라 다짐하기도 하였다. 이처럼 순례자들은 눈물을 흘리는 데서 그치지 않고 남명 정신을 계승하고자 하는 간절한 염원의 끈을 놓지 않았다. 이것이 도가 망한 시대를 살아낸 우리 선인들의 마음이었다.

덕천서원을 다시 복원한 감회

일제강점기가 되자, 유학자들은 성현의 도를 지켜 없어지지 않게 하는 일을 사명으로 인식하였다. 그리하여 나라를 구하기 위해 독립투쟁의 길로 나선 이들도 있었지만, 유학자들은 대부분 자정自靖하며 유교의 도를 보존하는 데 진력하였다. 나라는 망해도 도가 망하지 않으면 다시 희망을 찾을 수 있다는 생각에서였다. 그들은 도를 전하고 지키기 위해 저술을 하고, 선현의 서적을 출판하고, 선현의 유적지를 복원하고, 강학하고, 자제를 모아 교육하였다.

이와 같은 노력 가운데 하나가 선현의 유적을 복원하는 일이다. 덕천서원도 지역의 뜻있는 인사들의 그런 마음에 의해 1916년 중건을 논의하여 1921년 경의당을 준공하였고, 1927년 사우에 남명의 위판을 봉안하였다. 실로 덕천서원이 훼철되고 난 뒤 57년째 되는 해였다. 그러니 남명을 추앙하는 마음이 뜨거웠던 이 지역 유림의 감회가 얼마나 컸겠는가. 이런 벅찬 감격을 김극영金克永은 다음과 같이 노래했다.

선사가 남기신 향기로운 덕 몇 해나 되었던가,	先師剩馥幾何年
수많은 선비가 의관을 갖추고서 덕천을 향하네.	濟濟衣冠向德川
성성자 방울소리 끊어진 지 3백 년이나 되었으니,	響輟惺鈴三百載
그 누가 우리에게 선생의 참된 지결을 들려줄까.[147]	誰敎吾輩聞眞詮

덕천서원 경의당이 새로 완공되자, 이 지역 유학자들은 의관을 정제하고 다투어 덕천서원으로 향했다. 김극영도 경의당 낙성식에 참석하러 가면서 남명의 지결을 전해줄 사람이 과연 있을까를 걱정하고 있다.

이 당시의 감격스러운 소회를 한우석韓禹錫은 "이에 경·의는 끝내 비색否塞함이 없다는 것을 알겠으니, 우리 유가의 일월이 이제 다시 밝아질 것이네."[148]라고 하였으며, 이용수李瑢秀는 "드높은 경의당을 찬란하게 다시 완공하니, 유교 풍화가 크게 진작되는 소리 서서 듣네."[149]라고 하였으며, 성환혁成煥赫은 "수많은 후생 추모하는 마음을 가지니, 덕산의 도는 산처럼 높고 냇물처럼 영원하리."[150]라고 하였다. 이처럼 모두 남명의 도학이 다시 이어져 유교의 교화

덕천서원 전경

가 성대하게 부흥하기를 희망하였다.

당시 하봉수河鳳壽는 경의당 낙성식에 참석한 인사들이 수창한
시를 모아 『경의당창수敬義堂唱酬』를 만들었는데, 그 서문에 의하면
진주의 하겸진河謙鎭, 밀양의 노상직盧相稷, 대구의 조긍섭曺兢燮, 삼
가의 송호곤宋鎬坤, 함안의 안유상安有商 등이 참석하였다고 한다.
이들은 각 지역의 대표적인 유학자로서 유교를 부흥시키기 위해 유
생들을 거느리고 참석하였다.

하봉수는 당시 자신의 감회를 "높은 경의당과 큰 현판 태산처럼
무거운데, 즐거이 여러 훌륭하신 분들과 이 안에 있네."[151]라고 하였

다. 단성에 살던 권재규權載奎도 경의당이 준공된 뒤 서원에서 하룻밤 묵으며 지은 시에서 "단정히 앉으니 잠을 이룰 수 없는데, 마치 성성자 소리가 들리는 듯하네. 어찌해야 대도를 온 세상에 펼쳐서, 성성자 소리를 사방에서 울리게 할까."[152]라고 하여, 남명의 지결을 전하고자 하는 간절한 마음을 드러냈다.

미래의 덕천서원

서원은 두 가지 기능이 있다. 하나는 향사享祀, 즉 제사를 통해 선현을 추모하고 기억하는 것이고, 하나는 강학講學을 통해 선현의 학문을 이어가는 것이다. 이 두 기능 중에 오늘날에는 향사만 겨우 이루어지고 있으며, 강학은 거의 이루어지지 않고 있다. 이 두 기능은 조선 시대 사대부 문화의 꽃에 해당한다.

향사를 통해 우리는 학덕이 있는 이를 닮아가고자 하는 마음을 갖게 되고, 학덕이 있는 이를 존경할 줄 알고, 학문과 덕행이 인간에게 무엇보다 중요한 것임을 깨닫는다. 또 강학을 통해 우리는 유교 경전과 문집에 담긴 성현의 가르침을 배운다. 성현의 가르침은 종교적 이데올로기가 아니라, 인간 사회의 보편적 진리를 말한다. 공자가 인仁을 인간의 보편적 가치로 내세웠듯이, 맹자가 의義를 사회적 정의로 내세웠듯이, 성현의 가르침은 스스로 깨달아 터득하는 보편적 진리에 해당한다.

이 보편적 진리가 사회에 널리 유통되어야 그 사회가 건강해지고, 정신문화가 살아난다. 그런데 서원에서 글 읽는 소리가 들리지 않듯이, 우리 사회에는 보편적 진리를 무시하고 궤변으로 치우친 설을 주장하는 사람이 많아졌다. 특히 SNS가 발전함에 따라 객관적이고 보편적이고 합리적인 설이 아닌, 독단적이고 편파적이며 비합리적인 설이 난무하고 있다. 고인의 눈으로 보면 이단과 사악한 설이 판을 치는 형국이다. 이런 시국이 닥치면 고인들은 도학의 성지를 찾아 선현에게 난국을 타개할 계책을 물었다.

이제 우리도 서원을 순례하는 문화를 만들어 어려운 시대에 우리의 근본을 다시 돌아보고 기강을 부지할 지혜를 가져야 한다. 고인들이 그랬듯이, 지금이야말로 구도를 위한 순례를 떠날 시점이다. 특히 도학의 성지인 서원으로 가서 그 어려운 시대에 새로운 정신문화를 수립한 선현에게 우리가 나아가야 할 길을 물어야 한다. 그래야 이 어려운 시대를 헤쳐 나갈 수 있는 지혜를 얻게 될 것이다. 도학의 원류가 흐르는 덕천서원은 이 세상에 성인이 다시 태어나는 정신적 토대로 거듭나야 한다.

1 　莊周,『莊子』,「逍遙遊」. "北冥有魚 其名爲鯤 鯤之大 不知其幾千里也 化而爲鳥 其名爲鵬 鵬之背 不知其幾千里也 怒而飛 其翼若垂天之雲 是鳥也海運 則將徙於 南冥 南冥者 天池也"

2 　成運,『大谷集』권상,「寄楗仲」.

3 　揚雄,『法言』,「問明」. "鴻飛冥冥 弋人何篡焉"

4 　郭鍾錫,『俛宇集』권149,「南冥曺先生墓誌銘并序」. "先生嘗自號曰南冥 盖志于韜 晦也"

5 　成汝信,『晉陽誌』권1,「山川-德山洞」. "德山洞在智異山東 天王峯一枝 東南來 爲 五臺山 爲蘆峴 而東橫於薩川之前 又一枝 東北來 爲鉏屹山 爲雲象山 自雲象而南 橫於三壯之前 與薩川前山 對峙于德川之左右 曰首陽黔陰 又自鉏屹南來 爲薩川 後山 曰九曲 爲三壯後山 曰楮田 前後諸山 龍蟠虎踞 氣勢雄偉 天王峯水 自法界 寺東流 由薩川村 達社祭峯下 東北流 爲薩川 又自鉏屹山東流 由上流菴 達獐項洞 南流爲三壯川 與薩川 合于兩堂村前 是謂德川 盤回屈曲 不深不淺 入首陽黔陰兩 峽 中出德川遷 所謂頭流萬壑門者 此也 洞天開曠 山水明麗 方可八九里 沿溪上下 一帶長林 盡是桃花躑躅也 宜於農宜於漁 可以蠶可以菜 所謂隱者之所盤旋者也"

6 　河達弘,『月村集』권6,「遊德山記」. "頭流之下 環而邑者 八九 皆稱山水鄉 而晉爲 最 晉之西居而里者 以百數 皆稱山水村 而德山爲最"

7 　河達弘,『月村集』권6,「遊德山記」. "由入德門 至絲綸洞 (중략) 昔韓錄事 知麗政 將亂 隱居不出 屢有絲綸入洞 以是得名"

8 　成汝信,『晉陽誌』권1,「山川-絲綸洞」. "絲綸洞在兩堂村東 古有山氓居之 嘉靖庚 申 南冥先生自三嘉兎洞 挈家卜居焉 築山天齋 以爲藏修之地 家之前 又草構無樑 舍一間 以爲風詠之所 乃橡亭也"

9 　朴絪,『无悶堂集』권5,「南冥先生年譜」50세조. "繼配 士人宋璘之女也 育于伯父 珩之家 年十九"

10 　曹植,『南冥集』卷頭, 鄭仁弘 撰,「行狀」. "晩卜頭流山下 其室復以雷龍名 別構精 舍 扁曰山天齋 老焉"

11 朴絪, 『無悶堂集』 권5, 「南冥先生年譜」. "創山天齋-宅邊作精舍 名曰山天-"

12 趙根, 『損菴集』 권4, 「遊德川記」. "南冥故宅 在川東山下 長松數百 沿溪而列 皆南
　　冥手種云 山天齋 但有遺墟"

13 김경수 엮음, 『德川書院誌』, 편찬위원회, 2017, 543~544쪽, 曺世觀 撰, 「別廟重修
　　上樑文」. "於戱 先父兄創建別廟于山天齋遺墟 後子孫因依薦禋兮春秋諱辰"

14 曺植, 『南冥集』 권1, 「題德山溪亭柱」. "請看千石鍾 非大扣無聲 爭似頭流山 天鳴
　　猶不鳴"

15 姜翼, 『介庵集』 권상, 「山天齋侍南冥先生賞月」. "素月明秋練 澄流靜不波"

16 河達弘, 『月村集』 권6, 「遊德山記」. "其後南冥先生晩年卜居于此 溪上有數間精舍
　　榜之曰山天 卽先生藏修之所也"

17 鄭濟鎔, 『溪齋集』 권4, 「山天齋重修記」. "在昔明宣之世 我老先生南冥曺文貞公講
　　道於方丈山中 於所居川上 別立齋 榜其額曰山天 取大易以畜其德之義"

18 朴旨瑞, 『訥菴集』 권3, 「答德川書院士友」. "山天齋營造 是儒門喜消息 如可作也
　　遺址尙存 仍舊貫 可也 而云有移建院旁之議 未知緣何意見"

19 曺植, 『南冥集』 권2, 「遊頭流錄」. "余嘗往來玆山 曾入德山洞者三 入靑鶴神凝洞者
　　三 入龍遊洞者三 入白雲洞者一 入獐項洞者一 豈直爲貪山貪水而往來不憚煩也
　　百年齋計 唯欲借得華山一半 以作終老之地已 事與心違 知不得住 徘徊顧慮 涕洟
　　而出 如是者十矣"

20 曺植, 『南冥集』 권1, 「德山卜居」.

21 朱熹, 『中庸章句』, 제1장 註. "天 以陰陽五行 化生萬物 氣以成形 而理亦賦焉"

22 朱熹, 『中庸章句』, 제20장. "思事親 不可以不知人 思知人 不可以不知天"

23 朱熹, 『孟子集註』, 「盡心上」. "盡其心者 知其性也 知其性 則知天矣"

24 崔永慶의 『守愚堂實紀』 부록 「遺事實錄」에는 최영경의 나이 39세 때인 1567년에
　　처음 남명을 찾아와 폐백을 바친 것으로 기록하고 있어 2년의 차이가 있다.

25 朴絪, 『无悶堂集』 권5, 「南冥先生年譜」 64세조. "奉陪數日 欽承淸誨 秋霜烈日
　　義氣橫天 極知昏惰 不足受砭 然覷拳大踢 足爽鄙懷 惜其登門十年 親接日少 退
　　私日多 不啻十寒一曝 此日離亭 百倍惘然"

26 朴絪, 『无悶堂集』 권5, 「南冥先生年譜」 66세조. "德溪日記曰 正月初十日 聞先生
　　來智谷寺 卽伻邀盧令公禛諸輩 往智谷 纔渡溪橋 而先生至 十一日 金宇顒來 盧
　　令公禛姜翼盧裸鄭復顯鄭惟明林希茂隨至 四隣諸友雲集 多不能容 十四日陪先生
　　下山 諸友各散"

27 曺植, 『南冥集』 권2, 「遊頭流錄」 16일조. "先生 乃天嶺之儒宗也 學問淵篤 吾道

有緒"

28 朴絪,『无悶堂集先』권5,「南冥先生年譜」. "子聰明過人 無所不通 夫以堯之智 猶急先務 君子 不以多能奉人 故不無內外輕重之辨 朱夫子晚年悟義理無窮 日月有限 遂棄書藝離騷等事 專業於尊德性道問學 終至集諸儒大成 豈非後人所當法也"

29 曺植,『南冥集』권1,「遊安陰玉山洞」.

30 林薰,『葛川集』권1,「花林洞月淵岩 次南冥韻」.

31 이 시구는 朱熹의 『晦庵集』권2,「偶題三首」의 제3수에 보이는 '始悟眞源行未到'를 가리킨다. 이는 진원이 현실 세계의 공간 속에 있는 것이 아니고, 바로 내 마음 속에 있는 하늘이 부여한 본성이라는 의미이다.

32 朴絪,『无悶堂集』권5,「南冥先生年譜」. "先生曰 朱夫子尙有始覺眞源求未到之句 後學豈合容易自處於見道之域歟 葛川改容謝之"

33 曺植,『南冥集』권2,「與退溪書」. "近見學者 手不知洒掃之節而口談天理 計欲盜名而用以欺人 反爲人所中傷 害及他人 豈先生長老無有以呵止之故耶 如僕則所存荒廢 罕有來見者 若先生則身到上面 固多瞻仰 十分抑規之 如何"

34 朴絪,『无悶堂集』권5,「南冥先生年譜」64세조. "先生常患世之學者 不事下學 專務上達 往往有假道學之名 故以書與退溪 蓋欲戒禁而救正之也"

35 李滉,『退溪集』권10,「答曺楗仲 甲子」. "示諭學者盜名欺世之論 此非獨高明憂之 拙者亦憂之 然而欲訶抑者 亦非易事"

36 李滉,『退溪集』권10,「答曺楗仲 甲子」. "其能任此責者 世自有人 決不在病廢絶迹 昧道懶學之人 公何以是不近之言見加耶"

37 李滉,『退溪集』권26,「與鄭子中」. "此雖不知所指爲何人 而其言未免有墮落一偏之弊 然而自吾輩言之 實不暇訶人 而當自訶耳 何也 吾輩中心願學 初豈有盜名欺人之意 但立志不篤 遵道中廢 往往口談天理之際 游聲已不禁四馳矣 而在我日用躬行之實 一無有可靠處 然則雖欲免盜欺之責 何可得耶 故南冥之言 眞可謂吾輩藥石之言 自今請各更加策勵 以反躬實踐 爲口談天理之本 而日事硏窮體驗之功 庶幾知行兩進 言行相顧 不得罪於聖門 而免受訶於高世之士矣"

38 『明宗實錄』권33, 명종 21년 7월 19일(무일)조. "傳于吏曹曰 曺植 超授相當職"

39 『明宗實錄』권33, 명종 21년 8월 28일(병술)조 참조.

40 『明宗實錄』권33, 명종 21년 10월 7일(갑자)조. "君臣之際 上下之情無間 然後誠意相孚矣 自上開心聽約 無有蘊奧 有如洞開中門 則群下盡心竭力 得展其股肱心膂 上亦照察賢否 如鑑之明 能辨別人材 以爲此人謹厚 他日必爲某樣人也 此人才敏 他日必爲某樣人也 此人勁直 當進逆耳之言 此人軟熟 必爲謟諛之徒 群下亦知

聖念所發 以爲此善念也 所當十分開導以擴充之 此不善之念也 所當遏絕 不使滋蔓 上下講明 情意相通 則此乃出治之本也 臣伏在遐方 未諳時事 然目見數十年內 軍民離散 如水之流 閭里空虛 爲今之計 當如失火之家 雖衆人汲汲共救 猶或不及 自上雖常軫念 弊猶如舊 臣不敢知群下不能奉承而然耶 自上或不能聽納而然耶 同寅協恭之道 未知何如而如此乎 人主之學 出治之本也 貴於自得 若徒聽講而已 則無益矣 燕居之時 觀覽書史 必須自得 可也"

41 『明宗實錄』 권33, 명종 21년 10월 7일(갑자)조. "都俞吁咈 三代之時也 君暗臣諂 歷代皆然 大抵君明則臣直 君暗則臣諂 此自然之理也 古之人君 親遇臣僚 有若朋友 與之講明治道 今雖不能如此 必情意相通 上下交孚 然後可也 自上苟有是心 則亦宜擴而充之 如此之事 不可於袵席之間 與宦官宮妾而行之 須與侍從正士而爲之也"

42 『明宗實錄』 권33, 명종 21년 10월 7일(갑자)조. "此昭烈之事也 當時擾攘 必得英雄 與之同事 乃成所圖 故至於三顧 諸葛亮英雄也 料事亦豈偶然 而一顧不起者 必有時勢然也 然與劉備共圖興復 幾近三十餘年之久 不能恢復天下 則其出 未可知也"

43 『明宗實錄』 권33, 명종 21년 10월 7일(갑자)조. "上問曹植以諸葛亮必待三顧而起 何也 植不對 (중략) 曹植從前累徵不就 金範亦上疏以辭 故上特以三顧爲問 以觀其微意 植等又各繼陳其去就如此"

44 『明宗實錄』 권33, 명종 21년 10월 7일(갑자)조. "植稟氣英邁 玩心高明 自少倜儻不羈 嘯傲山林 有千仞不顧之節 當文定攝政時 以遺逸超授丹城縣監 不就 上疏論時政得失 言甚迫切 上宸怒 遂不復召 至是屢承禮命 不獲已上來 賜封之後 便有浩然還鄕 (중략) 大抵當日入對之辭 植則頗銳 範則過遜 言語不暢"

45 朴絪, 『无悶堂集』 권5, 「南冥先生年譜」. "且宰相之職 莫大於用人 今乃不論善惡 不分邪正云云 蓋時有近臣於筵中白上曰 曹植所學異於儒者 故以此辭"

46 『宣祖實錄』, 즉위년 11월 17일(무진)조. "但李滉則辛巳生 李恒則己未生 曹植亦辛酉生 皆七十之年也 如此日氣甚寒之時 不能召來 而旣有召命 退在未安 必有悶迫邊窘之患 若以在家調病爲難 而登途得病 則亦有死於道路之患 自上欲見之心雖切 而待賢士 所當從容寬暇 不可驅迫也 若日寒有疾 則觀勢上來事 更爲下諭何如"

47 曹植, 『南冥集』 권2, 「丁卯辭職呈承政院狀」. "請以救急二字獻 爲興邦一言 以代微臣之獻身"

48 『宣祖實錄』 권2, 선조 1년 1월 27일(정축)조. "備忘記傳曰 君臣之間 實如父子之間 入對之時 不甚俯伏 可也 雖垂簾之時 簾內下觀簾外之人 別無俯伏 亦可賢賢納諫 帝王之美 更請曹植 竝請成運 可也"

49 『宣祖實錄』권2, 선조 1년 5월 26일(을해)조. "頃日所志 子常置諸座右 觀省之際 觀此格言 益知才德之高矣 子雖不敏 亦當留念 爾其知悉"

50 『宣祖實錄』권5, 선조 4년 5월 15일(병자)조. "省所陳疏章 可見其憂國之誠 雖在畎畝 未嘗少忘也 甚用嘉焉 若其所賜微物 何謝之有 爾其勿謝"

51 『南冥先生編年』70세조. "按 柳潮溪祭文有七上疏封之語 而文集中只存四本 疑是年再召時 亦有辭疏 皆逸而不傳"

52 朴絪, 『无悶堂集』권5, 「南冥先生年譜」71세조. "十二月 寢疾 是月二十一日 患背疽 鍼藥皆無效"

53 金宇顒, 『東岡集』권17, 「南冥先生言行錄」. "是日 先生旣斷藥物 米飮不入口 終日沈臥 了了不亂 仁弘進曰 藥物之斷 固聞命矣 至於米飮不入口 恐非自然底道理 先生爲進少許 日夕而稍蘇 更留連二十餘日而終"

54 이상 임종할 때부터 사후의 일은 모두 朴絪이 만든 「南冥先生年譜」에 의거하여 작성하였는데, 術士들이 한 말은 제외하였다.

55 『광해군일기』권31, 광해군 7년(1615) 3월 23일 기사 참조.

56 姜翼, 『介庵集』상권, 「山天齋 侍南冥先生 賞月」.

57 朱熹, 『孟子集註』, 「滕文公上」 제4장.

58 김경수 엮음, 『德川書院誌』, 편찬위원회, 2017, 480쪽, 「完文」. "先生易簀後 當於龍蛇之變 齋入灰燼"

59 上同. "丁丑秋 自營門劃給五十石 州牧出租二十石 給其役丁 隣官亦爲助給 士林與本孫 隨力出財 重建是齋"

60 鄭濟鎔, 『溪齋集』권4, 「山天齋重修記」. "噫 齋之役 豈爲是而已哉 第惟夫四聖賢之道 卽所以爲先生 而斯齋也 卽道之所在也 凡入此齋者 體先生之志 自灑掃以窮天理 自居敬以立其誠 無躐其級 無越其度 要之不背乎先生 則將大陸覿陽 天下熙熙 其必兆見於斯齋乎"

61 鄭濟鎔, 『溪齋集』권1, 「山天齋重修 有感」.

62 정우락, 『남명과 이야기』, 경인문화사, 2007, 77~80쪽 참조.

63 曺植, 『南冥集』권1, 「題德山溪亭柱」.

64 曺植, 『南冥集』권1, 「種竹山海亭」.

65 曺植, 『南冥集』권1, 「淸香堂八詠-竹風」.

66 朴絪, 『无悶堂集』권5, 「南冥先生言行總錄」. "先生所居 不栽花草 惟松竹槐木而已"

67 趙根, 『損菴集』권4, 「遊德川記」. "長松數百 沿溪而列 皆南冥手種云"

68　程顥·程頤,『二程全書』권20,『遺書』,附錄,「伊川先生年譜」. "經筵承受張茂則 嘗招諸講官 啜茶觀畫라 先生曰 吾平生不啜茶 亦不識畫 竟不往"

69　金馹孫,『濯纓集』권1,「政堂梅詩文後」. "昔年落魄嶺表 將遊頭流 先抵斷俗寺 中有古樓 樓前有梅兩株 長丈餘 下有古查 其不滅者半尺 寺僧目爲政堂梅 詰其所以 名 則乃曰 姜通亭少時手植 其後釋褐 官至政堂文學 因名焉 政堂亡百有餘年 梅 亦未免老死 其曾孫用休氏 承其椿府晉山君之命 來尋遺跡 慨然增感 遂栽新根於 其傍 今已十年 不特政堂有子孫 而梅亦長子孫矣"

70　曹植,『南冥集』권1,「偶吟」.

71　『宣祖修正實錄』권7, 선조 6년 5월 1일(경진)조. "植常佩鈴喚醒 拄劍警昏 末年 以鈴與金宇顒 以劍與仁弘 曰 以此傳心"

72　金宇顒,『東岡集』권17,「南冥先生言行錄」. "癸亥歲 宇顒初拜門下 先生出所佩囊 中鈴子以贈니 此物惺惺子 清響解警省人 佩之覺甚佳 吾以重寶與汝 汝其堪保此 否 又曰 此物在汝衣帶間 凡有動作 規警誚責 甚可敬畏 汝其戒懼 無得罪於此子 也 間莫是古人佩玉意否 先生曰 固是 抑此意甚切 不止於佩玉也"

73　許穆,『記言』권39,「德山碑」. "先生嘗作佩劍 銘曰 內明者敬 外斷者義"; 朴絪, 『无悶堂集』권5,「南冥先生言行總錄」. "先生愛佩寶刀 銘曰內明者敬 外斷者義"

74　정인선,「澤堂 李植의 학문성향과 南冥學 비판」, 경상대학교 교육대학원 석사학 위 논문, 2005 참조.

75　趙希逸,『竹陰集』권5,「南冥德川書院洞口 刻石入德門三字」.

76　趙根,『損菴集』권4,「遊德川記」. "德川 南冥曹先生之隱處也 後人爲之立祠焉 癸 卯(1663)七月 余與丹溪朴子裕同行 (중략) 南冥故宅在川東山下 長松數百 沿溪而 列 皆南冥手種云 山天齋但有遺墟 (중략) 川之南北以石而築 高可三四丈 川廣可 四十尺 川南有桃數百株 桃外有松百餘株 川北有洗心亭 (중략) 壁上有竹陰詩曰 誰知方丈麓 更有武陵源 信非虛語也"

77　趙根,『損菴集』권4,「遊德川記」. "佩刀四柄 家藏尚存 其制頗大幾七寸 四柄皆刻 內明者敬外斷者義八字 南冥易寶後 未嘗一磨云 而光彩瑩瑩若發硎者"

78　金鎭商,『退漁堂遺稿』권3,「南溟雙刀 尙在其後孫家 出以示余 其柄一刻內明者 敬四字 一刻外斷者義四字 皆先生手筆也」.

79　蔣華植,『贅翁續稿』권4,「江右日記」. "東煥奉一小函出 示內賜寶鈒三柄 曰 我中 世係橘于忠清某郡 而不幸灾於鬱攸 遺物不救 而所不燼者 只此鈒而已"

80　昌寧曹氏生員公派南冥先生宗中,『昌寧曹氏生員公派譜』, 대보사, 2023, 상권 子孫 錄, 8~9쪽, 晉明. "自德山移居善山 ○墓善山北熊谷藍室前山子坐"

81 昌寧曺氏生員公派南冥先生宗中,『昌寧曺氏生員公派譜』, 대보사, 2023, 상권 子孫錄, 8쪽, 35쪽 참조.

82 趙性胤,『廣川集』 권1,「敬義刀-南冥先生所佩釖名」.

83 權道溶,『秋帆文苑』原集 권11,「敬義劍銘幷序 己卯」. "十月二十五日 重謁德川院後孫杓氏 引入廟中 出示所藏敬義劍三口 大小略有差 以象骨爲柄 雕刻龍形者二 皆有鞘冒之間 有蠹蟫齧斷處 刃生赤銹 而光彩隱映 先生手澤 宛然於三百載之後 不覺凜然以警 於是乎作銘"

84 鄭光鉉 等,『晉陽續誌』 권4,「古蹟」, '南冥曺文貞公有刀二口…'. "南冥曺文貞公有刀二口 長可一尺許 以犀角及象牙爲柄 彫雙螭于柄而交其首 兩傍楷書刻銘 曰內明者敬 外斷者義 以鞞爲鞘 蓋平日所佩者 而其光若新發于硎云"

85 河晉賢,『容窩遺集』 권5,「山天齋」.

86 文尙海,『滄海集』,「敬次山天齋千石鐘韻」.

87 金宗宇,『正齋遺稿』 권1,「山天齋」.

88 權基德,『三山遺稿』 권1,「山天齋」.

89 李震相,『寒洲集』 권2,「山天齋」.

90 鄭逑,『寒岡集』 권1,「挽金東岡」.

91 河鳳壽,『栢村集』 권2,「再入德山 宿山天齋 次寒洲李先生韻」.

92 崔益鉉,『勉菴集』 권2,「山天齋 次原韻」.

93 崔琡民,『溪南集』 권1,「山天齋 謁四聖賢遺像」.

94 權基德,『三山遺稿』 권1,「謁四聖影幀」.

95 鄭珪錫,『誠齋集』 권1,「山天齋釋菜禮後 有感」.

96 權在奎,『直菴集』 권1,「山天齋講會」.

97 愼炳朝,『士笑遺薰』 권3,「山天齋儒會」. "入德門開走德川 頭流正脈世間傳 (중략) 大役斯文興感地 慕賢誠力有誰宣"

98 河應魯,『尼谷集』 권1,「山天齋 與李南川致維道默 詠梅」.

99 『宣祖實錄』 권6, 선조 5년 2월 8일. "早見大義 旁搜蘊奧 嘐嘐孔顔 是造是期 (중략) 昕夕典墳 益事講劘 卓乎山峻 淵盈河涵 淸標霜潔 馨德蘭薰 氷壺秋月 景星慶雲 遠豈忘世 憂深戚臣 嗚呼此心 堯舜君民"

100 『高麗史』 권73,「志 제27-選擧1」.

101 『高麗史』 권74,「志 제28-選擧2」.

102 『太宗實錄』 권11, 태종 6년 6월 27일조.

103 덕천서원의 연혁은 최석기의『덕천서원』(경인문화사, 2015) 102~105쪽에 상세히

정리되어 있다.

104 河禹善 主編,『德川師友淵源錄』권6, 私淑人, 河澈. "嘗手書敬義堂及時靜門六大字於院楣"

105 吳長,『思湖集』권4,「答權遠甫甲辰」.

106 曹植,『南冥集』(아세아문화사 영인본, 142쪽), 裵紳 撰,「行錄」. "又有問者曰, 先生孰與嚴子陵. 曰, 惡, 子陵氣節, 其可跂歟. 然子陵與吾不同道, 余未忘斯世者也, 所願學孔子也."

107 曹植,『南冥集』권1,「詠蓮」제2수.

108 曹植,『南冥集』권1,「詠蓮」제1수.

109 『周易』,「繫辭上傳」. "是故, 蓍之德, 圓而神, 卦之德, 方以知, 六爻之義, 易以貢. 聖人, 以此洗心, 退藏於密, 吉凶, 與民同患, 神以知來, 知以藏往."

110 朱熹,『論語集註』,「先進」제25장. "浴乎沂, 風乎舞雩, 詠而歸."

111 『古文眞寶』後集 권1,「漁父辭」. "舉世皆濁我獨淸, 衆人皆醉我獨醒."

112 한국정신문화연구원,『古文書集成』제25책(德川書院篇),『德川書院誌』,「創建事實」. "亂後草創, 制度未備, 至是, 乃增修祠宇, 壯其樑栱, 以舊材, 起風詠亭於舊址."; 河憕 撰「德川書院重建記」. "以其舊材, 移構醉醒亭."

113 한국정신문화연구원,『古文書集成』제25책(德川書院篇),『德川書院誌』,「創建事實」. "乙亥, 純祖大王十五年, 重修風詠亭."; 李益運 撰,「風詠亭記」. "亂旣平, 爲其腥穢也, 易而新之, 亭於入德門之西洗心亭之北, 特起焉. 其廣狹長短, 規爲鋪實, 實取先生所居橡室之制. 溪壑窈窕, 桃花遍水, 先生所稱武陵源者, 此也, 而卽所謂醉醒亭也. (중략) 亭久廢壞, 先生之孫縣監龍玩, 與多士謀而改之, 使來請書其事. 後學延安李益運記, 又改曰風詠."

114 河晉賢,『容窩遺集』권5,「醉醒亭」. "亭近洗心懷死友, 門通入德啓來賢."

115 河達弘,『月村集』권6,「遊德山記」. "院門外十數步 有洗心醉醒兩亭子 逼近溪側 薩川之水 自西而東 紅溪之水 自北而南 至此始合流 黛蓄膏停 洞澈可鑑 垂綸接蔓 窞深莫測 川之上有茂林 林之外有曠野"

116 河受一,『松亭集』권4,「德川書院洗心亭記」. "稱君子藏焉修焉息焉遊焉 盖有藏修之所者 必有遊息之具 斯古道也 謹按書院制度 建祠宇以昭祀 立明倫堂以重倫 置東西齋以居學者 藏修固有所矣 院之南有溪焉 含虛凝碧 匯爲澄潭 臨之有浴沂之興 溪之上有桃林焉 間以松檉 望之如武陵之原 誠遊賞之佳勝者已 今我崔先生每杖屨逍遙其上 欲搆亭以備遊息之具 以院役未就未成 越壬午春 始克經營 亭成而勝益奇 溪若增其淸 魚若增其樂 於是覺齋叔父取易聖人洗心之義以名亭 盖寅觀

水有術之義也 今夫水其性清 汚者滌之潔 黑者濯之白 故壓流抗亭 欲使藏修者 宣
暢湮鬱 善養吾浩然之氣也 因水命額 欲使遊息者 觀物反己 日日新又日新也 吾黨
君子苟能登斯亭 遐想先生之遺風 又能顧名思義 克收澄心之功 則善矣 某以昏愚
小生 僭錄固陋 又從而歌日 興彼高亭 翼如翬如 既遊以息 君子攸居 浩玆溪流 玉
潔鑑虛 君子之以 反心求諸 清明在躬 可復吾初 苟或不然 視此大書"

117 河憕,『滄洲先生遺事』권1「德川書院重建記」. "河覺齋有德山志 祠宇經營之規
諸公敦事之勤 纖悉詳密 無一或遺 俾後之學者 昭然若昨日事 竟失於兵火中"

118 『德川書院誌』,「創建事實」참조.

119 오이환,『남명학의 새 연구 (하)』, 한국학술정보(주), 2012, 130~136쪽 참조.

120 김경수 엮음,『德川書院誌』, 편찬위원회, 2017, 79~80쪽, 河弘度,「德川書院常享
祝文」.

121 崔永慶,『守愚堂實記』권1,「德川書院春秋常享文」.

122 閔百祺,『德林詩稿』,「謁德川祠」.

123 趙璥,『鳳岡集』권2,「曺南冥」. "方丈至今靑壁立, 凜然千載想儀形"

124 河弘度,『謙齋集』권1,「德川書院」. "禮儀爲實由誠實, 黍稷惟馨在德馨. 齋室階
梯知井井, 洗心明眼賴英靈."

125 河弘度,『謙齋集』권2,「次趙鳳岡德川秋享韻」. "嶽麓千年地, 醉醒三日留. 依歸知
有數, 妙契豈無由."

126 文正儒,『東泉集』권1,「謁德川書院」.

127 權重道,『退庵集』권1,「德川書院 次申上舍韻」.

128 金昌翕,『三淵集』권8,「晉州曹南冥書院」. "佳哉仁智宅, 允宜薖軸選. 經過斷絃
誦, 落日照門扇."

129 文尙海,『南平文氏嘉湖世稿』권2,『滄海集』,「謁南冥書院」.

130 朴垕大,『安敬窩遺稿』권1,「謁德川書院」.

131 權在奎,『直菴集』권1,「德川書院 講會」.

132 河受一,『松亭集』권1,「過德山書院 院盡灰 獨洗心亭在 仍有感」. "亂後初尋院,
溪頭獨有亭."

133 河受一,『松亭集』권2,「洗心亭有感 次覺齋叔父韻」.

134 朴絪,『無悶堂集』권1,「題洗心亭」.

135 金墩,『默齋集』권1,「八月 以師友錄事 留連德院 次洗心亭韻」. "山海微言喪, 乾
坤浩氣存. 昏衢人向走, 遺緒劇愁煩."

136 宋秉珣,『心石齋集』권2,「登洗心亭 次板上韻」.

137 金碩, 『小山亭集』 권1, 「次洗心亭韻」.

138 孫命來, 『昌舍集』 권1, 「守愚松」, 小註. "崔守愚手種松, 在德川院前溪南岸, 爲風所折, 近有新糵尺許."

139 孫命來, 『昌舍集』 권1, 「守愚松」. "秀木由來風必折, 孤忠自是世難容. 化工有意生新糵, 會見昂霄百卉宗."

140 河益範, 『士農窩集』 권1, 「醉醒亭 次板上韻」.

141 河晉賢, 『容窩遺集』 권5, 「醉醒亭」. "衆醉堪憐長夜世, 獨醒開保一心天."

142 崔琡民, 『溪南集』 권1, 「屠維上巳 會德川院遺址習禮聽講 因以先生卜居詩一絶分韻賦詩 寓感傷之懷 得山字」.

143 安益濟, 『西崗遺稿』 권1, 「見德川書院 已爲廢掇 慨賦一絶」.

144 朴泰亨, 『艮嵒集』 권1, 「過德川院舊基」.

145 安鍾彰, 『希齋集』 권1, 「過德川院墟」.

146 安益濟, 『西崗遺稿』 권1, 「德山書院遺墟」.

147 金克永, 『信古堂遺輯』 권7, 「德川敬義堂 重建落成 往赴道中作」.

148 韓禹錫, 『元谷集』 권1, 「次敬義堂重建韻」.

149 李瑢秀, 『性菴集』 권1, 「敬義堂落成韻」.

150 成煥赫, 『于亭集』 권1, 「敬義堂」.

151 河鳳壽, 『柏村集』 권3, 「敬義堂唱酬幷小序」.

152 權載奎, 『而堂集』 권4, 「宿敬義堂」.

- **강익**(姜翼, 1523~1567) : 자는 중보(仲輔), 호는 개암(介庵), 본관은 진양이다. 함양 출신으로 정희보(鄭希輔)·조식(曺植)에게 수학하였다.
- **강회백**(姜淮伯, 1357~1402) : 자는 백보(伯父), 호는 통정(通政), 본관은 진양이다. 문과에 급제하여 정당문학·밀직부사 등을 지냈다. 단속사에 매화나무를 심었는데, 후에 이 매화나무를 '정당매(政堂梅)'라 불렀다.
- **강용휴**(姜用休, ?~?) : 강회백의 증손으로 단속사 정당매의 곁가지를 옮겨 심은 인물이다.
- **공자**(孔子, B.C.551~B.C.479) : 이름은 구(丘), 자는 중니(仲尼)이다. 유교를 창시한 사람으로 중국 노(魯)나라 곡부에 살았다.
- **곽재우**(郭再祐, 1552~1617) : 자는 계수(季綏), 호는 망우당(忘憂堂), 본관은 현풍이다. 의령에 살았으며, 조식의 문인이자 외손서이다. 임진왜란 때 의병을 일으켰다.
- **곽종석**(郭鍾錫, 1846~1919) : 자는 명원(鳴遠), 호는 면우(俛宇), 본관은 현풍이다. 단성 사월리에서 태어나 여러 곳을 옮겨 다니며 살았다. 이진상에게 수학하였다.
- **구변**(具忭, 1529~?) : 자는 시중(時仲), 본관은 능성이다. 조식의 문인으로 1558년 문과에 합격하여 사간원 정언 등을 지냈다. 진주목사를 지낼 때 덕천서원 중건에 힘썼다.
- **권기덕**(權基德, 1856~1898) : 자는 자후(子厚), 호는 삼산(三山), 본관은 안동이다. 단성에 살았으며, 정재규에게 수학하였다.
- **권도용**(權道溶, 1877~1963) : 자는 호중(浩仲), 호는 추범(秋帆), 본관은 안동이다. 함양에 살았다.
- **권재규**(權在奎, 1835~1893) : 자는 남거(南擧), 호는 직암(直菴), 본관은 안동

이다. 단성에 살았으며, 허전(許傳)에게 수학하였다.

• **권재규**(權載奎, 1870~1952) : 자는 군오(君五), 호는 송산(松山), 본관은 안동
이다. 단성에 살았으며, 최숙민·정재규 등에게 수학하였다.

• **권중도**(權重道, 1680~1722) : 자는 여행(汝行), 호는 퇴암(退庵), 본관은 안동
이다. 단성에 살았으며, 이현일에게 수학하였다.

• **기정진**(奇正鎭, 1798~1879) : 자는 대중(大中), 호는 노사(蘆沙), 본관은 행주
이다. 전라도 장성 출신으로 이일분수(理一分殊)에 의거한 독창적인 리(理) 위
주의 설을 주장하였다. 경상우도 조성가·최숙민·정재규 등이 그의 문하에 나아
가 배워 경상우도에도 노사학단이 형성되었다.

• **김극영**(金克永, 1863~1941) : 자는 순부(舜孚), 호는 매서(梅西), 본관은 의성
이다. 김우옹(金宇顒)의 후손이며, 김황(金榥)의 부친이다.

• **김돈**(金墩, 1702~1770) : 자는 백후(伯厚), 호는 묵재(黙齋), 본관은 상산(商
山)이다. 신등 법물리에 살았다.

• **김범**(金範, 1512~1566) : 자는 덕용(德容), 호는 후계(后溪), 본관은 상산이다.

• **김상헌**(金尙憲, 1570~1652) : 자는 숙도(叔度), 호는 청음(淸陰), 본관은 안동
이다. 1596년 문과에 급제하여 좌의정 등을 지냈다. 1639년 청나라에 끌려가
6년 뒤에 풀려났다. 서인 청서파의 영수로서 의리의 화신으로 일컬어졌다.

• **김석**(金碩, 1627~1680) : 자는 계창(季昌), 호는 소산(小山), 본관은 상산이다.
신등 법물리에 살았다.

• **김성근**(金聲根, 1835~1919) : 자는 중원(仲遠), 호는 해사(海士), 본관은 안동
이다. 문과에 급제하여 이조 판서 등을 지냈다. 서예에 뛰어났으며, 남명선생신
도비의 전액(篆額)을 썼다.

• **김시경**(金始慶, 1659~1735) : 자는 선여(善餘), 호는 만은(晩隱), 본관은 안
동이다. 충북 음성 출신으로 1682년 문과에 급제하여 진주목사 등을 지냈다.
1690년 진주목사로서 덕천서원을 중수할 적에 도움을 주었다.

• **김우옹**(金宇顒, 1540~1603) : 자는 숙부(肅夫), 호는 동강(東岡), 본관은 의성
이다. 경북 성주에 살았으며, 조식의 문인이자 외손서이다.

• **김종우**(金宗宇, 1854~1900) : 자는 주서(周胥), 호는 정재(正齋), 본관은 경주

이다. 진주에 살았으며, 하겸진 등과 강론하였다.

- **김진상**(金鎭商, 1684~1755) : 자는 여익(汝翼), 호는 퇴어(退漁), 본관은 광산이다. 문과에 급제하여 대사헌 등을 지냈다.

- **김충열**(金忠烈, 1931~2008) : 고려대학교 철학과 교수를 지냈으며, (사)남명학연구원 원장을 역임하였다. 1970년대 남명학을 학계에 보고하였으며, 남명학을 널리 알리는 데 공헌하였다.

- **김태허**(金太虛, 1555~1620) : 자는 여보(汝寶), 호는 박연정(博淵亭), 본관은 광주(廣州)이다. 무과에 급제하여 경상우도병마절도사를 지냈다. 덕천서원을 중건할 적에 재정적 지원을 하였다.

- **김학수**(金鶴洙, 1849~?) : 본관은 광산이며, 경기도 여주 출신이다. 문과에 급제하여 이조참판, 경상남도관찰사 등을 지냈다. 남명선생신도비의 비문을 썼다.

- **김행**(金行, ?~?) : 본관은 상산이며, 조식의 사위이다.

- **김효원**(金孝元, 1542~1590) : 자는 인백(仁伯), 호는 성암(省菴), 본관은 선산이다. 한양에 살았으며, 조식의 문인이다.

- **김흥락**(金興洛, 1827~1899) : 자는 계맹(繼孟), 호는 서산(西山), 본관은 의성이다. 유치명의 문인으로 퇴계학통을 이었다.

- **노관**(盧祼, 1522~1574) : 자는 자장(子將), 호는 사암(徙庵), 본관은 풍천이다. 함양에 살았으며, 조식을 종유하였다.

- **노상직**(盧相稷, 1855~1931) : 자는 치팔(致八), 호는 소눌(小訥), 본관은 광주(光州)이다. 경상도 창녕 출신으로 밀양 등지에 살았다. 허전의 문인이다.

- **노진**(盧禛, 1518~1578) : 자는 자응(子應), 호는 옥계(玉溪), 본관은 풍천이다. 함양에 살았으며, 문과에 급제하여 이조판서를 지냈다. 조식을 종유하였다.

- **노흠**(盧欽, 1527~1602) : 자는 공신(公愼), 호는 입재(立齋), 본관은 광주이다. 삼가에 살았으며, 조식의 문인이다. 임진왜란 때 의병을 일으켰다.

- **도홍경**(陶弘景, 456~536) : 자는 통명(通明)이며, 중국 남북조 시대 도사이다.

- **도희령**(都希齡, 1539~1566) : 자는 자수(子壽), 호는 양성헌(養性軒), 본관은 성주이다. 함양에 살았으며, 조식의 문인이다.

- **동중서**(董仲舒, B.C.176~B.C.104) : 중국 전한(前漢) 때의 유학자로 『춘추번

로(春秋繁露)』등을 지었다. 유가사상을 국교로 삼는 데 기여했다.

- **문경호**(文景虎, 1556~1619) : 자는 군변(君變), 호는 역양(嶧陽), 본관은 남평
이다. 합천 야로에 살았으며, 정인홍에게 배웠다.
- **문상해**(文尙海, 1765~1835) : 자는 성용(聖庸), 호는 창해(滄海), 본관은 남평
이다. 문익성(文益成)으로 후손으로 진주에 살았다.
- **문정유**(文正儒, 1761~1839) : 자는 경명(景明), 호는 동천(東泉), 본관은 남평
이다. 합천에 살았다. 이상정에게 수학하였다.
- **민백기**(閔百祺, ?~?) : 자는 중근(仲謹), 호는 덕림(德林), 본관은 여흥이다.
- **박인**(朴絪, 1583~1640) : 자는 백화(伯和), 호는 무민당(无悶堂), 본관은 고령
이다. 합천 야로에 살았으며, 정인홍에게 수학하였다.
- **박지서**(朴旨瑞, 1754~1819) : 자는 국정(國禎), 호는 눌암(訥庵), 본관은 태안
이다. 진주에 살았으며, 박민의 6대손이다.
- **박태형**(朴泰亨, 1864~1925) : 자는 문행(文幸), 호는 간암(艮嵒), 본관은 함양
이다. 진주에 살았으며, 송병선에게 수학하였다.
- **성여신**(成汝信, 1546~1632) : 자는 공실(公實), 호는 부사(浮査), 본관은 창녕
이다. 조식의 문인이며, 『진양지』를 편찬하였다.
- **성운**(成運, 1497~1579) : 자는 건숙(健叔), 호는 대곡(大谷), 본관은 창녕이다.
보은에 은거하였으며, 조식과 절친하였다.
- **성환혁**(成煥赫, 1908~1966) : 호는 우정(于亭), 본관은 창녕이다. 하겸진에게
수학하였다.
- **소보**(巢父) : 중국 요임금 때 은사이다. 허유(許由)가 요임금이 천하를 양보하
겠다는 말을 듣고 귀를 씻자, 소보는 '더러운 물에 소를 먹일 수 없다'고 하여
상류로 올라가 소에게 물을 먹였다고 한다.
- **손균**(孫均, ?~?) : 임진왜란이 끝난 뒤 덕천서원을 중건할 적에 실무를 맡았던
인물이다.
- **손명래**(孫命來, 1664~1722) : 자는 현승(顯承), 호는 창사(昌舍), 본관은 밀양
이다. 창녕에서 출생했으며, 만년에는 진주에 살았다.
- **손천우**(孫天佑, 1533~1594) : 자는 군필(君弼), 호는 무송(撫松), 본관은 밀양

이다. 진주 수곡에 살았으며, 조식에게 수학하였다.

- **송린**(宋璘, ?~?) : 본관은 은진이며, 삼가 대병에 살았다. 딸이 조식의 후취부인이다.

- **송병순**(宋秉珣, 1839~1912) : 자는 동옥(東玉), 호는 심석재(心石齋), 본관은 은진이다. 송시열의 9세손이며 송병선의 아우로, 회덕에 살았다.

- **송시열**(宋時烈, 1607~1689) : 자는 영보(英甫), 호는 우암(尤庵), 본관은 은진이다. 김집의 문하에서 수학하였으며, 봉림대군의 사부를 지냈다. 서인의 영수로서 효종 때 북벌을 주장하였다. 조식의 신도비명을 지었다.

- **송호곤**(宋鎬坤, 1865~1929) : 자는 직부(直夫), 호는 항재(恒齋), 본관은 은진이다. 합천 대병에 살았으며, 곽종석의 문하에서 수학하였다.

- **송호문**(宋鎬文, 1862~1907) : 자는 자삼(子三), 호는 수재(受齋), 본관은 은진이다. 합천 대병에 살았으며, 윤주하에게 배웠다.

- **송희창**(宋希昌, 1539~1620) : 자는 덕순(德順), 호는 송헌(松軒), 본관은 은진이다. 합천 대병에 살았으며, 조식의 문인이다.

- **신명구**(申命耉, 1666~1742) : 자는 국수(國叟), 호는 남계(南溪), 본관은 평산이다. 칠곡 약목에 살았는데, 한동안 지리산 덕산에 와서 우거하였다. 덕천서원 원장을 지냈다.

- **신병조**(愼炳朝, 1846~1924) : 자는 국간(國幹), 호는 사소(士笑), 본관은 거창이다. 진주에 살았다.

- **안덕문**(安德文, 1747~1811) : 자는 장중(章仲), 호는 의암(宜庵), 본관은 탐진이다. 의령에 살았다. 영남 삼산서원의 개념을 정립하였다.

- **안유상**(安有商, 1857~1929) : 자는 여형(汝衡), 호는 도천(陶川), 본관은 순흥이다. 함안에 살았으며, 이진상에게 수학하였다.

- **안익제**(安益濟, 1850~1909) : 자는 의겸(義謙), 호는 서강(西岡), 본관은 탐진이다. 안덕문(安德文)의 현손으로 의령에 살았다.

- **안정려**(安鼎呂, 1871~1939) : 자는 국중(國重), 호는 회산(晦山), 본관은 순흥이다. 함안에 살았으며, 곽종석 등에게 배웠다.

- **안향**(安珦, 1243~1306) : 자는 사온(士蘊), 호는 회헌(晦軒), 본관은 순흥이다.

1260년 문과에 급제하여 집현전 태학사 등을 역임하였다. 소수서원에 제향되었다.

• **안회**(顔回) : 중국 춘추 시대 노(魯)나라 사람으로 공자의 수제자이다.

• **엄광**(嚴光) : 중국 후한 광무제(光武帝)의 동문수학한 벗으로 부춘산(富春山)에 은거하여 세상에 나아가지 않았다.

• **오건**(吳健, 1521~1574) : 자는 자강(子强), 호는 덕계(德溪), 본관은 함양이다. 산청에 살았으며, 조식의 문인이다. 문과에 급제하여 사헌부 지평 등을 지냈다.

• **유대수**(俞大脩, 1546~1586) : 자는 사영(士永), 본관은 기계이다. 한양에 살았으며, 조식과 이황에 배웠다.

• **유영순**(柳永詢, 1552~1630) : 자는 순지(詢之), 호는 유헌(柳軒), 본관은 전주이다. 문과에 급제하여 좌승지 등을 지냈다. 1606년 경상도관찰사로 부임하여 덕천서원을 중건할 적에 서재(西齋)를 지었다.

• **유종일**(柳宗日, ?~?) : 자는 회중(晦仲)이며, 본관은 문화이다. 덕천서원 원생록에 들어 있으며, 임진왜란 이후 덕천서원 원임을 지냈다. 임란 후 덕천서원을 중건할 적에 세심정을 복원하였다.

• **유종지**(柳宗智, 1546~1589) : 자는 명중(明仲), 호는 조계(潮溪), 본관은 문화이다. 조식의 문인으로 기축옥사 때 정여립의 모반사건에 연루되어 최영경 등과 함께 옥사하였다.

• **윤근수**(尹根壽, 1537~1616) : 자는 자고(子固), 호는 월정(月汀), 본관은 해평이다. 문과에 급제하여 좌찬성에 이르렀다. 종계를 변무한 일로 해평부원군에 봉해졌다. 덕천서원을 창건할 적에 경상도관찰사로서 도움을 주었다.

• **윤원형**(尹元衡, 1503~1565) : 문정왕후의 동생으로 을사사화를 일으켜 정권을 잡고 정치를 농단하였다.

• **이광우**(李光友, 1529~1619) : 자는 화보(和甫), 호는 죽각(竹閣), 본관은 합천이다. 단성에 살았으며, 조식의 문인이다.

• **이교우**(李敎宇, 1881~1944) : 자는 치선(致善), 호는 과재(果齋), 본관은 전의이다. 단성에 살았으며, 정재규에게 배웠다.

• **이대기**(李大期, 1551~1628) : 자는 임중(任重), 호는 설학(雪壑), 본관은 전의

이다. 초계에 살았으며, 조식의 문인이다.

- **이로**(李魯, 1544~1598) : 자는 여유(汝唯), 호는 송암(松巖), 본관은 고성이다. 의령에 살았으며, 조식의 문인이다. 임진왜란 때 의병을 일으켰다.

- **이림**(李霖, 1495~1546) : 자는 중망(仲望)이며, 본관은 함안이다. 조식의 벗으로 대사간을 지냈다.

- **이만부**(李萬敷, 1664~1732) : 자는 중서(仲舒), 호는 식산(息山), 본관은 연안이다. 경북 상주에 살았다. 덕천서원 원장을 역임하였다.

- **이언적**(李彦迪, 1491~1553) : 자는 복고(復古), 호는 회재(晦齋), 본관은 여강이다. 문과에 급제하여 좌천성에 이르렀다. 1547년 양재역 벽서사건에 연루되어 강계로 유배되었다가 별세하였다.

- **이윤**(伊尹) : 중국 상(商)나라 초기의 현신으로, 탕(湯)임금을 도와 태평 시대를 열었다.

- **이이**(李珥, 1536~1584) : 자는 숙헌(叔獻), 호는 율곡(栗谷), 본관은 덕수이다. 문과에 급제하여 이조판서 등을 지냈다.

- **이익운**(李益運, 1748~1817) : 자는 계수(季受), 호는 학록(鶴麓), 본관은 연안이다. 체제공의 문인으로 문과에 급제하여 예조판서에 이르렀다. 취성정을 중수하고서 「풍영정기(風詠亭記)」를 지었다.

- **이익회**(李翊會, 1767~1843) : 자는 좌보(左甫), 호는 고동(古東), 본관은 전의이다. 1811년 문과에 급제하여 대사헌 등을 지냈다. 산천재의 해서체 현판 글씨를 썼다.

- **이정**(二程) : 중국 북송 시대 유학자 정호(程顥)와 정이(程頤) 형제를 통칭하는 말이다.

- **이정**(李楨, 1512~1571) : 자는 강이(剛而), 호는 구암(龜巖), 본관은 동성(東城)이다. 사천에 살았으며, 이황의 문인이다.

- **이정**(李瀞, 1541~1613) : 자는 여함(汝涵), 호는 모촌(茅村), 본관은 재령이다. 함안에 살았으며, 조식의 문인이다.

- **이제신**(李濟臣, 1510~1582) : 자는 언우(彦遇), 호는 도구(陶丘), 본관은 고성이다. 의령 출신으로 조식의 문인이다. 조식을 따라 진주 덕산에 와서 살았다.

- **이조**(李晁, 1530~1580) : 자는 경승(景升), 호는 동곡(桐谷), 본관은 성주이다. 단성에 살았으며, 조식의 문인이다.
- **이지함**(李之菡, 1517~1578) : 자는 형백(馨伯), 호는 토정(土亭), 본관은 한산이다. 서경덕의 문인으로 술서에 밝았다. 『토정비결』을 지었다.
- **이진상**(李震相, 1818~1886) : 자는 여뢰(汝雷), 호는 한주(寒洲), 본관은 성주이다. 경북 성주에 살았으며, 이원조·유치명에게 수학하였다.
- **이황**(李滉, 1501~1570) : 자는 경호(景浩), 호는 퇴계(退溪), 본관은 진성이다. 문과에 급제하여 성균관 대사성 등을 지냈다.
- **임운**(林芸, 1517~1572) : 자는 언성(彦成), 호는 첨모당(瞻慕堂), 본관은 은진이다. 안의에 살았으며, 임훈의 아우로 조식에게 배웠다.
- **임훈**(林薰, 1500~1584) : 자는 중성(仲成), 호는 갈천(葛川), 본관은 은진이다. 안의에 살았으며, 조식과 교유하였다.
- **임희무**(林希茂, 1527~1577) : 자는 언실(彦實), 호는 남계(灆溪), 본관은 나주이다. 함양에 살았으며, 조식의 문인이다.
- **장화식**(蔣華植, 1871~1947) : 자는 효중(孝重), 호는 췌옹(贅翁), 본관은 아산이다. 김흥락과 이종기에게 배웠다.
- **정구**(鄭逑, 1543~1620) : 자는 도가(道可), 호는 한강(寒岡), 본관은 서원이다. 조식과 이황의 문하에서 수학하였다.
- **정규석**(鄭珪錫, 1876~1954) : 자는 성칠(聖七), 호는 성재(誠齋), 본관은 해주이다. 진주에 살았다. 정재규에게 수학하였다.
- **정대순**(鄭大淳, 1552~?) : 자는 희숙(熙叔), 호는 옥봉(玉峯), 본관은 연일이다. 임진왜란이 끝난 뒤 덕천서원을 중건할 적에 실무를 맡았다.
- **정복현**(鄭復顯, 1521~1591) : 자는 수초(遂初), 호는 매촌(梅村), 본관은 서산이다. 함양에 살았으며, 조식의 문인이다.
- **정여창**(鄭汝昌, 1450~1504) : 자는 백욱(伯勖), 호는 일두(一蠹), 본관은 하동이다. 함양에 살았으며, 김종직의 문인이다.
- **정유명**(鄭惟明, 1539~1596) : 자는 극윤(克允), 호는 역양(嶧陽), 본관은 팔계이다. 안의에 살았으며, 조식의 문인이다.

- **정이**(程頤, 1033~1107) : 자는 정숙(正叔), 호는 이천(伊川)이다. 정호(程顥)의 동생으로 주돈이에게 배웠다. 정호와 함께 이학(理學)을 주로 하여 신유학 사상을 정립하는 데 크게 기여했다. 북송 오군자의 한 사람이다.
- **정인홍**(鄭仁弘, 1536~1623) : 자는 덕원(德遠), 호는 내암(來庵), 본관은 서산이다. 조식의 문인으로, 천거에 의해 벼슬길에 나아가 영의정에 올랐다. 대북정권의 영수로 계해정변 때 처형되었다.
- **정제용**(鄭濟鎔, 1865~1907) : 자는 형로(亨櫓), 호는 계재(溪齋), 본관은 연일이다. 진주에 살았으며, 곽종석에게 수학하였다.
- **정탁**(鄭琢, 1526~1605) : 자는 자정(子精), 호는 약포(藥圃), 본관은 청주이다. 이황의 문인으로 조식에게도 배웠다. 문과에 급제하여 좌의정에 이르렀다.
- **정호**(程顥, 1032~1085) : 자는 백순(伯淳), 호는 명도(明道)이다. 주돈이에게 수학하였으며, 북송 오군자의 한 사람으로 신유학 사상을 정립하는 데 기여하였다.
- **조겸**(趙㻩, 1569~1652) : 자는 형연(瑩然), 호는 봉강(鳳岡), 본관은 임천(林川)이다. 조지서(趙之瑞)의 증손으로 진주에 살았다.
- **조경**(趙絅, 1586~1669) : 자는 일장(日章), 호는 용주(龍洲), 본관은 한양이다. 윤근수의 문인이다.
- **조근**(趙根, 1631~1690) : 자는 복형(復亨), 호는 손암(損庵), 본관은 함안이다. 조려(趙旅)의 후손으로 송시열의 문인이며, 문과에 급제하여 홍문관 교리 등을 지냈다.
- **조긍섭**(曺兢燮, 1873~1933) : 자는 중근(仲謹), 호는 심재(深齋), 본관은 창녕이다. 곽종석·이종기·장복추·김흥락 등 영남의 거유들과 학문을 토론하였다.
- **조대림**(曺大霖, 1703~1756) : 자는 경은(卿殷)이다. 조차석의 5세손으로 선산(善山)에서 다시 덕산(德山)으로 이주하였다.
- **조덕순**(曺德淳, 1836~1891) : 자는 성집(聖執), 호는 덕포(德圃)이며, 조대림의 4세손이다.
- **조동환**(曺東煥, 1893~1939) : 자는 장원(章元)이며, 조식의 12세손으로 조병진의 아들이다. 조동환의 아들 조전(曺塡)이 봉사(奉祀)를 하다가 1958년 병환

으로 봉사를 할 수 없게 되어 10세손 조봉순(曺鳳淳)의 손자 조백환(曺伯煥)을 봉사손으로 삼았으나, 그 역시 1973년 사퇴하여 종중의 유사가 제수를 준비하고 장로가 초헌관을 맡아 제사를 지낸다.

- **조병진**(曺秉鎭, 1860~1908) : 자는 경지(敬之), 호는 회남(晦南)이다. 생부는 영승(永承)이다. 조식의 11손이고, 조차석의 10세손이며, 조대림의 5세손이다.
- **조병철**(曺秉哲, 1867~1946) : 조식의 11세손으로, 산천재를 중건한 뒤 주련 (柱聯)으로 걸린 「덕산복거(德山卜居)」를 쓴 인물이다.
- **조성가**(趙性家, 1824~1904) : 자는 직교(直敎), 호는 월고(月皐), 본관은 함안 이다. 옥종에 살았으며, 기정진에게 수학하였다.
- **조성윤**(趙性胤, 1845~1904) : 자는 영순(永純), 호는 광천(廣川), 본관은 함안 이다.
- **조세관**(曺世觀, ?~?) : 조식의 5세손으로 1756년에 「별묘중수상량문(別廟重修 上樑文)」을 지었다.
- **조수**(曺琇, ?~?) : 본관은 남평이며, 조식의 장인이다.
- **조식**(曺植, 1501~1572) : 자는 건중(楗仲), 호는 남명(南冥), 본관은 창녕이다. 어려서 부친을 따라 한양으로 올라가 성장하였으며, 25세 때 과거를 포기하고 안회(顔回)의 길을 가기로 결심하였다. 30세부터 15년 동안 처가가 있는 김해 산해정(山海亭)에서 학문에 침잠하였고, 45세부터 61세까지는 고향 삼가 뇌룡 정(雷龍亭)에서 학문과 강학에 전념하였고, 61세 때 천왕봉이 보이는 덕산의 산천재(山天齋)로 이주하여 그곳에서 생을 마쳤다. 사화기에 출처의 대절을 보 였으며, 심성수양하여 도덕성을 제고하는 실천적인 학풍을 수립하였다. 저술로 『남명집』과 『학기류편』이 있다.
- **조신도**(趙信道, ?~?) : 본관은 함안이며, 조식의 사위이다.
- **조안가**(曺晏佳, ?~?) : 조식의 후손으로 덕산에 살던 사람이다. 안가(晏佳)는 자(字)인 듯하다.
- **조안습**(曺安習, ?~?) : 조식의 증조부이다. 창녕에서 삼가로 이주하였다.
- **조언형**(曺彦亨, 1469~1526) : 자는 홍지(弘之), 본관은 창녕이다. 조식의 부친 이다. 1504년 문과에 급제하여 단천군수, 승문원 판교 등을 지냈다.

- **조영**(曺永, 1428~1511) : 자는 수옹(壽翁), 본관은 창녕이다. 조식의 조부이다.
- **조옥환**(曺玉煥, 1932~현재) : 조식의 12대손으로 남명학을 현창하는 데에 크게 공헌하였다. 한국선비문화연구원 남명학진흥재단 이사장이다.
- **조원**(趙瑗, 1544~?) : 자는 백옥(伯玉), 호는 운강(雲岡), 본관은 임천이다. 조식의 문인이며, 조식의 생질 이준민(李俊民)의 사위이고, 시인 이옥봉(李玉峯)의 남편이다.
- **조용완**(曺龍玩, 1763~1832) : 처음 이름은 원(瑗), 자는 백옥(伯玉), 호는 덕암(德巖)이다. 조식의 셋째 아들 조차정의 6세손으로, 1798년 도학으로 천거되어 정릉참봉에 제수되었고, 1799년 목릉참봉이 되었으며, 1800년 사재감 봉사가 되었다. 1802년 정릉직장이 되었고, 1803년 활인서 별제가 되었으며, 통훈대부로 승급하여 의금부 도사가 되었다. 1804년 용궁현감 겸 안동진관병마절제도위에 제수되었다. 19세기 초 취성정을 중건하여 풍영정을 세웠다.
- **조윤형**(曺允亨, 1725~1799) : 자는 치행(穉行), 호는 송하옹(松下翁), 본관은 창녕이다. 학행으로 벼슬길에 나아가 지돈녕부사를 지냈다. 산천재의 현판 전서(篆書)의 글씨를 썼다.
- **조종도**(趙宗道, 1537~1597) : 자는 백유(伯由), 호는 대소헌(大笑軒), 본관은 함안이다. 단성 소남에 살았으며, 조식의 문인이다. 임진왜란 때 의병을 일으켰으며, 정유재란 때 황석산성 전투에서 전사하였다.
- **조지서**(趙之瑞, 1454~1504) : 자는 백부(伯符), 호는 지족당(知足堂), 본관은 임천이다. 1474년 문과에 급제하여 세자시강원 보덕 등을 역임하였다. 갑자사화 때 참살되었다.
- **조진명**(曺晉明, ?~?) : 자는 자소(子昭), 본관은 창녕이다. 조차석의 아들로, 음직으로 송라도찰방을 지냈다. 덕산(德山)에서 선산(善山)으로 이주하였다. 묘소가 선산에 있다.
- **조차마**(曺次磨, 1557~1639) : 자는 이회(二會), 호는 모정(慕亭), 본관은 창녕이다. 조식의 아들로 칠원현감을 역임하였다.
- **조차산**(曺次山, 1536~1544) : 조식의 맏아들인데, 9세에 요절하였다.
- **조차석**(曺次石, 1552~?) : 자는 일회(一會), 본관은 창녕이다. 조식의 아들로

예안현감·의령현감 등을 지냈다.

- **조차정**(曺次矴, 1560~1645) : 자는 개회(開會), 본관은 창녕이다. 조식의 아들로 무과에 급제하여 만호를 지냈다.
- **조표**(曺杓, 1869~1919) : 자는 자앙(子昂), 호는 창하(蒼下)이다. 조차마의 둘째 아들 조익명(曺益明)의 증손 조세화(曺世和)의 아들이 조명유(曺命裕)인데, 조명유의 둘째 아들 조윤록(曺允祿)의 4세손이 조표이다.
- **조항순**(曺恒淳, 1858~?) : 조식의 10손이며, 조차마의 9세손이다.
- **조호래**(趙鎬來, 1854~1920) : 자는 태긍(泰兢), 호는 하봉(霞峯), 본관은 함안이다. 조종도(趙宗道)의 후손으로 진주에 살았다. 허전에게 수학하였다.
- **조환**(曺桓, ?~?) : 자는 익중(翊仲)이며, 본관은 창녕이다. 조식의 아우이다.
- **조희일**(趙希逸, 1575~1638) : 자는 이숙(怡叔), 호는 죽음(竹陰), 본관은 임천이다. 조식의 문인 조원(趙瑗)의 아들로, 문과에 급제하여 경상도관찰사 등을 지냈다.
- **주돈이**(周敦頤, 1017~1073) : 자는 무숙(茂叔), 호는 염계(濂溪)이다. 북송 오군자의 한 사람으로 신유학 사상을 정립하는 공헌하였다.
- **주세붕**(周世鵬, 1495~1554) : 자는 경유(景游), 호는 신재(愼齋), 본관은 상주이다. 우리나라 최초의 서원인 백운동서원을 창건하였다.
- **주희**(朱熹, 1130~1200) : 자는 원회(元晦), 호는 회암(晦庵)이다. 중국 남송 때 성리학을 집대성하여 신유학 사상을 완성하였다.
- **진극경**(陳克敬, 1546~1617) : 자는 경직(景直), 호는 백곡(栢谷), 본관은 여양(驪陽)이다. 진주 백곡에 살았다. 조식에게 수학하였다.
- **최숙민**(崔琡民, 1837~1905) : 자는 원칙(元則), 호는 계남(溪南), 본관은 전주이다. 기정진의 문하에서 수학하였다.
- **최승락**(崔承洛, ?~?) : 일제강점기에 활동한 인물로, 덕천서원 동재·서재의 현판을 썼다.
- **최영경**(崔永慶, 1529~1590) : 자는 효원(孝元), 호는 수우당(守愚堂), 본관은 화순이다. 조식의 문인으로 기축옥사 때 억울하게 죽임을 당하였다.
- **최익현**(崔益鉉, 1833~1907) : 자는 찬겸(贊謙), 호는 면암(勉菴), 본관은 경주

이다. 경기도 포천에 살았다. 이항로(李恒老)에게 수학하였다.

- **최황**(崔滉, 1529~1603) : 자는 언명(彦明), 호는 월담(月潭), 본관은 해주이다. 한양에 살았으며, 조식의 문인이다.
- **하겸진**(河謙鎭, 1870~1946) : 자는 숙형(叔亨), 호는 회봉(晦峯), 본관은 진양이다. 진주 수곡에 살았다. 곽종석에게 수학하였다.
- **하달홍**(河達弘, 1809~1877) : 자는 윤여(潤汝), 호는 월촌(月村), 본관은 진양이다. 옥종에 살았으며, 유치명에게 수학하였다.
- **하봉수**(河鳳壽, 1867~1939) : 자는 채오(采五), 호는 백촌(栢村), 본관은 진양이다. 진주 백곡에 살았으며, 곽종석에게 수학하였다.
- **하수일**(河受一, 1553~1612) : 자는 태이(太易), 호는 송정(松亭), 본관은 진양이다. 진주 수곡에 살았으며, 하항에게 수학하였다.
- **하우식**(河祐植, 1875~1943) : 자는 성락(聖洛), 호는 담산(澹山), 본관은 진양이다. 하징(河憕)의 후손으로 진주 단목에 살았다. 송근수(宋近洙)·최익현·전우(田愚)에게 수학하였다.
- **하응도**(河應圖, 1540~1610) : 자는 원룡(元龍), 호는 영무성(寧無成), 본관은 진양이다. 진주 덕산에 살았으며, 조식의 문인이다.
- **하응로**(河應魯, 1848~1916) : 자는 학부(學夫), 호는 니곡(尼谷), 본관은 진양이다. 옥종 안계마을에 살았으며, 허전에게 수학하였다.
- **하익범**(河益範, 1767~1813) : 자는 서중(敍中), 호는 사농와(士農窩), 본관은 진양이다. 진주 단목에 살았으며, 송환기(宋煥箕)에게 수학하였다.
- **하인상**(河仁尙, 1571~1635) : 자는 임보(任甫), 호는 모송재(慕松齋), 본관은 진양이다. 하항(河恒)의 아들로 진주 단목에 살았다. 조식의 문묘종사를 청원하는 상소를 올렸다.
- **하재화**(河載華, 1860~1937) : 진주 수곡에 살았으며, 일제강점기에 덕천서원을 중건하는 데 주도적 역할을 하였다.
- **하진보**(河晉寶, 1530~1580) : 자는 선재(善哉), 호는 영모정(永慕亭), 본관은 진양이다. 진주 단목에 살았으며, 조식의 문인이다.
- **하진현**(河晉賢, 1776~1846) : 자는 사중(師仲), 호는 용와(容窩), 본관은 진양

이다. 진주 수곡에 살았으며, 이갑룡(李甲龍)에게 수학하였다.

• **하징**(河憕, 1563~1624) : 자는 자평(子平), 호는 창주(滄洲), 본관은 진양이다. 진주 단목에 살았으며, 임진왜란 후 덕천서원 중건에 앞장섰다.

• **하철**(河澈, 1635~1704) : 자는 백응(伯應), 호는 설창(雪牕), 본관은 진양이다. 하달홍의 아들로, 하홍도에게 배웠다.

• **하항**(河沆, 1538~1590) : 자는 호원(浩源), 호는 각재(覺齋), 본관은 진양이다. 진주 수곡에 살았으며, 조식에게 수학하였다.

• **하홍도**(河弘度, 1593~1666) : 자는 중원(重遠), 호는 겸재(謙齋), 본관은 진양이다. 옥종 안계마을에 살았으며, 하수일에게 수학하였다.

• **한우석**(韓禹錫, 1872~1947) : 자는 군세(君世), 호는 원곡(元谷), 본관은 청주이다. 진주 원당에 살았다.

• **한유**(韓愉, 1968~1911) : 자는 희녕(希寗), 호는 우산(愚山), 본관은 청주이다. 진주에 살았으며, 조성가 등에게 배웠다.

• **한유한**(韓惟漢, ?~?) : 고려 무신 집권기에 난리를 예견하고 지리산에 은거한 인물이다.

• **허목**(許穆, 1595~1682) : 자는 희화(熙和), 호는 미수(眉叟), 본관은 양천이다. 정구에게 수학하였으며, 조식의 신도비문을 지었다.

• **허유**(許由) : 중국 고대의 은자로, 요임금이 천하를 물려주겠다고 하자, 더러운 말을 들었다고 여겨 귀를 씻었다.

• **허전**(許傳, 1797~1886) : 자는 이로(以老), 호는 성재(性齋), 본관은 양천이다. 성호학통을 이은 황덕길(黃德吉)에게 수학하였으며, 문과에 급제하여 김해부사 등을 지냈다.

• **황정견**(黃庭堅, 1045~1105) : 자는 노직(魯直), 호는 산곡(山谷)이다. 소식의 문인으로 강서시파의 종장이다. 주돈이의 인품을 '광풍제월(光風霽月)'로 표현하여 추앙하였다.